Confronter la Diversité
Le Facteur de Visibilité à Travers Une Gestion
Stratégique Efficace Des Ressources Humaines

Un Livre de Référence

Dr. Amdy Diene

Copyright © 2024 par Dr. Amdy Diene

Tous droits réservés. Aucune partie de ce livre ne peut être reproduite, distribuée ou transmise sous quelque forme ou par quelque moyen que ce soit, y compris la photocopie, l'enregistrement ou d'autres méthodes électroniques ou mécaniques, sans l'autorisation écrite préalable de l'éditeur, sauf dans le cas de brèves citations incorporées dans des critiques et certaines autres utilisations non commerciales autorisées par la loi sur le droit d'auteur. Pour les demandes d'autorisation, écrivez à l'éditeur, à l'attention du "Coordinateur des autorisations", à l'adresse ci-dessous.

Éditeur : Touba Digital Consulting & Publishing
Raleigh, NC, 20703 États-Unis
adiene@toubaconsulting.com

Table of Contents

Confronter la Diversité — 1

Le Facteur de Visibilité à Travers Une Gestion Stratégique Efficace Des Ressources Humaines — 1

Préface — 4

INTRODUCTION — 13

CHAPITRE 1 — 15

L'ère numérique et l'évolution du rôle des RH — 15

Introduction — 15

L'aube de la transformation numérique des RH — 16

    Changements technologiques affectant les entreprises — 16

    Remodelage du paysage RH — 17

    Urgence pour les professionnels RH de s'adapter — 18

De gestionnaires administratifs à partenaires stratégiques — 18

    Automatisation et efficacité — 19

    Concentration stratégique et impact — 20

    Expérience employé améliorée — 21

    Défis et Adaptation — 22

    La Prise de Décision Basée sur les Données : Le Superpouvoir des RH — 23

    Comment les mégadonnées et l'analyse révolutionnent les RH — 25

    Principaux domaines d'impact — 26

    Avantages des RH basées sur les données — 27

Conclusion — 28

Chapitre: 2 — 30

L'essor de l'IA et de l'apprentissage automatique dans les RH — 30

Présélection des CV	31
Intégration des employés	32
Gestion de la performance	33
Applications de pointe	35
Défis et considérations	36

Conclusion	36
Chapitre 3.	39
Les plateformes numériques et l'évolution de la nature du travail	39
Les plateformes numériques et l'évolution de la nature du travail	39
Tendances actuelles et défis	41
Conclusion	43
Chapitre: 4	45
Perfectionnement des RH : Les nouveaux professionnels compétents en technologie	45
Compétences et aptitudes clés	45
Feuille de route pour le développement	47
Équilibrer la haute technologie et le contact humain	48
Maintenir l'Humain dans les Ressources Humaines	48
Exploiter la technologie pour améliorer les interactions humaines	49
Stratégies pour équilibrer haute technologie et contact humain	50
Conclusion	52
Chapitre: 5	54
Considérations éthiques à l'ère des technologies de RH	54
Confidentialité des données	54
Biais algorithmique	55
Utilisation responsable des informations des employés	56

Naviguer dans le paysage éthique	57
Conclusion	58
Chapitre 6.	60
Comprendre la diversité dans le milieu de travail moderne	60
Introduction	60
Que signifie réellement la diversité en milieu de travail ?	61
Dimensions de la diversité en milieu de travail	62
Diversité démographique	62
Diversité Culturelle	63
Diversité éducative et socio-économique	64
Éducation	65
Statut socio-économique	65
Styles de travail	66
Conclusion	67
Chapitre 7	69
L'importance d'embrasser une diversité plus large	69
Créativité et innovation accrues	69
Amélioration de la prise de décision	70
Portée de marché élargie	70
Le résultat final : Comment la diversité impacte le succès des entreprises	71
L'impact de la diversité sur le succès des entreprises	72
Innovation et amélioration de la prise de décision	72
Performance financière	73
Études de cas et exemples	74
Conclusion	75

Chapitre: 8.	77
Défis dans la création et le maintien d'un milieu de travail diversifié	77
Obstacles courants dans les milieux de travail diversifiés	77
Biais inconscients	78
Problèmes de communication	78
Résistance au changement	79
Problèmes de communication	80
Résistance au changement	81
Utiliser des formats de formation variés	82
Évaluer l'efficacité de la formation	83
Conclusion	84
Chapitre: 9	86
Promouvoir les programmes de mentorat	86
Établir des structures formelles de mentorat	86
Promouvoir le mentorat interdépartemental	87
Reconnaître et récompenser la participation	87
Établir des Groupes de Ressources pour Employés (GRE)	88
Intégrer les GRE dans la stratégie de l'entreprise	89
Faciliter la visibilité des GRE	90
Conclusion	91
Chapitre 10 :	94
Le Rôle du Leadership dans la Promotion de la Diversité	94
Comprendre le Leadership Inclusif	94
Conscience de Soi et Intelligence Émotionnelle	95
Empathie et Soutien	95
Adaptabilité et Apprentissage Continu	96

Stratégies pour les Leaders pour Modéliser des Comportements Inclusifs	96
Communication Ouverte	97
Promouvoir les Initiatives de Diversité	97
Mettre en Œuvre des Programmes de Formation	98
Conclusion	99
Chapitre 11 :	101
Conduire le Changement Organisationnel	101
Renforcer l'Innovation	101
Améliorer l'Engagement des Employés	102
Défis et Opportunités	103
Mesurer les Progrès : Les Métriques de Diversité qui Comptent.	104
Métriques Clés de Diversité	104
Représentation Démographique	104
Métriques d'Équité	105
Métriques d'Inclusion & Métriques d'Accessibilité	106
Suivi et Évaluation des Progrès	107
Fixer des Objectifs Clairs et Analyser les Données	107
Utiliser la Technologie pour Assurer l'Exactitude des Données	108
Ajuster les Stratégies si Nécessaire	108
Créer une Feuille de Route pour l'Amélioration à Long Terme	109
Développer un Cadre Exploitable	109
Favoriser la Transparence et la Responsabilité	110
Engager le Leadership et l'Amélioration Continue	110
Conclusion	111
Chapitre : 12.	115

Le Facteur de Visibilité : Rendre la Diversité Visible et Valorisée	115
Introduction	115
Le Défi de la Diversité Cachée	116
Dévoiler la Diversité Cachée	117
Le Défi de la Reconnaissance	118
Impact sur les Organisations	119
Encourager l'Autoréflexion	119
Définir la Véritable Visibilité de la Diversité	120
Diversité Visible vs. Invisible	120
Rendre la Diversité Véritablement Visible	121
Remettre en Question les Idées Reçues	122
Conclusion	123
Chapitre: 13	126
L'argument commercial en faveur de la diversité visible	126
#Innovation et créativité	126
Prise de décision et résolution de problèmes	127
Performance financière	129
Attraction et rétention des talents	130
Réputation et conformité	130
Obstacles à la visibilité : Biais inconscients et problèmes systémiques	132
Obstacles à la visibilité	132
Biais inconscient	133
Problèmes systémiques	134
Stratégies pour surmonter les obstacles	134
Conclusion	136

Chapitre 14 :		138
Stratégies pour Accroître la Visibilité		138
Leadership & Politiques et Pratiques Inclusives	138	
Engagement et Participation des Employés	139	
Utilisation de la Technologie et des Données	140	
Engagement Communautaire et Culturel	141	
Mesurer l'Impact : Indicateurs pour une Diversité Visible	142	
Indicateurs Clés pour Mesurer la Diversité	143	
Approches pour Mesurer la Diversité	144	
Évaluations Qualitatives & Suivi	144	
Le Rôle du Leadership dans la Promotion de la Visibilité	146	
Stratégies pour Améliorer la Visibilité	146	
Impact sur la Culture Organisationnelle	147	
Implications Pratiques pour les Dirigeants	148	
Conclusion		148
Chapitre : 15.		151
Créer une Culture de Visibilité : Stratégies à Long Terme		151
Comprendre l'Importance de la Visibilité	151	
Stratégies pour Construire une Culture de Visibilité	151	
Surmonter les Défis	153	
L'Avenir de la Diversité Visible : Tendances et Prévisions	154	
Conclusion		155
Chapitre : 16		157
Apprentissage Automatique et Stratégies de Diversité Axées sur les Données		157
Introduction		157

Le Pouvoir des Données dans la Formation des Initiatives de Diversité 159

Initiatives de Diversité Axées sur les Données 159

Le Pouvoir des Données dans les Initiatives de Diversité 161

L'Apprentissage Automatique dans les Initiatives de Diversité 162

Potentiel Transformateur 165

Amélioration de la Prise de Décision et Promotion de la Responsabilité 166

Conclusion 167

Chapitre: 17 169

Stratégies de diversité en milieu de travail traditionnelles vs. Approches axées sur les données 169

Stratégies Traditionnelles 170

Approches Axées sur les Données 171

Nécessité d'Innovation 172

Compréhension des Biais dans les Données et les Algorithmes 174

Sources de Biais 175

Impact des Biais sur les Stratégies de Diversité 175

Considérations éthiques et instauration de la confiance 176

Stratégies pour lutter contre les biais 177

Bâtir la crédibilité par des pratiques d'IA éthiques 179

Conclusion 181

Chapitre: 18 184

Études de cas : Histoires de réussite des initiatives de diversité basées sur les données 184

Histoires de réussite des initiatives de diversité basées sur les données 184

Initiatives de diversité liées au handicap menées par les entreprises 187

Logiciel RH cloud pour l'égalité au travail 188

Diversité des essais cliniques dans les soins de santé 189

Gestion participative du paysage au Rwanda 190

Conclusion 191

Chapitre: 19. 194

Surmonter les défis : Obstacles à la mise en œuvre et solutions 194

Défis de mise en œuvre 194

Solutions et Stratégies 196

Responsabiliser les leaders 197

Conclusion 199

Chapitre: 20. 201

L'avenir de la diversité : L'analyse prédictive et les stratégies proactives 201

L'analyse prédictive dans la gestion de la diversité 201

Stratégies proactives pour des lieux de travail inclusifs 202

Le facteur de visibilité dans la gestion de la diversité 203

Perspectives d'avenir 205

CONCLUSION 209

References 212

Appendix 243

List of Tables and Figures 243

Index 244

Préface

Dans une ère de progrès technologiques rapides et d'interconnexion mondiale, le paysage des ressources humaines et les dynamiques du lieu de travail se transforment profondément. *"Confronter la Diversité : Le facteur de visibilité à travers une gestion stratégique efficace des ressources humaines"* émerge comme une exploration opportune et cruciale du rôle évolutif de la diversité dans le succès organisationnel et des impératifs stratégiques pour les professionnels des RH dans la navigation de ce nouveau terrain. Ce livre arrive à un moment critique de l'environnement commercial mondial. Alors que les organisations sont aux prises avec les complexités d'une main-d'œuvre de plus en plus diversifiée, le besoin d'une gestion efficace de la diversité n'a jamais été aussi pressant.

Le concept de diversité s'est élargi au-delà des catégories démographiques traditionnelles pour englober une riche tapisserie d'expériences humaines, de perspectives et de capacités. Simultanément, l'avancement rapide des technologies telles que l'intelligence artificielle, l'apprentissage automatique et l'analyse de données révolutionne notre approche des initiatives de diversité et d'inclusion. Notre public cible comprend les professionnels des RH, les dirigeants d'entreprise, les praticiens de la diversité, ainsi que les étudiants en gestion et en comportement organisationnel. Ce livre offre des perspectives précieuses pour ceux qui cherchent à comprendre et à mettre en œuvre des stratégies de diversité efficaces dans le lieu de travail moderne. Il est particulièrement pertinent pour les organisations cherchant à tirer parti de la diversité comme avantage concurrentiel et pour les professionnels des RH visant à se positionner comme des partenaires stratégiques dans la conduite du succès organisationnel à travers des pratiques inclusives. Chaque chapitre de ce livre contribue de manière unique à une exploration complète de la gestion de la diversité.

1. Le premier chapitre pose les bases en examinant la transformation numérique des RH. Il explore comment les avancées technologiques remodèlent le rôle administratif et stratégique des RH dans la promotion de la diversité et de l'inclusion. Le chapitre met l'accent sur le passage à la prise de décision basée sur les données et l'automatisation des tâches routinières, soulignant le besoin pour les professionnels des RH de développer de nouvelles compétences en littératie numérique et en analyse. Il aborde également les défis de cette transition, y compris la nécessité de perfectionnement et d'équilibrage des solutions technologiques avec la touche humaine.

2. Le chapitre 2 se penche sur l'impact transformateur de l'IA et de l'apprentissage automatique sur les fonctions RH. Il souligne comment ces technologies révolutionnent diverses fonctions RH, du recrutement et de l'intégration à la gestion de la performance et à la rétention des employés. Le chapitre aborde des applications de pointe comme l'analyse prédictive de l'attrition des employés et les expériences d'apprentissage personnalisées. Il traite également des défis, notamment les biais potentiels dans les systèmes d'IA et les considérations éthiques entourant la confidentialité et la sécurité des données.

3. Le troisième chapitre examine l'évolution de la nature du travail, en se concentrant sur l'économie des petits boulots et la révolution du travail à distance. Il discute de la façon dont les plateformes numériques ont facilité les connexions mondiales entre les freelances et les clients, remodelant les modèles d'emploi traditionnels. Le chapitre examine le rôle des RH dans la gestion de cette main-d'œuvre diverse, soulignant la nécessité d'une classification efficace des travailleurs, de la conformité aux lois du travail et de la promotion de l'engagement parmi les travailleurs à distance et les travailleurs occasionnels.

4. Le chapitre 4 souligne le besoin crucial de perfectionnement des professionnels des RH à l'ère numérique. Il décrit les compétences vitales, y compris la maîtrise des Système d'Information des Ressources Humaines (SIRH), des logiciels d'acquisition de talents et de l'analyse de données, ainsi que l'importance de l'apprentissage continu. Le chapitre fournit une feuille de route pour le développement des professionnels des RH, commençant par l'auto-évaluation et l'identification des lacunes, suivies d'un apprentissage ciblé à travers des cours en ligne, des certifications et des événements de l'industrie. Il souligne également l'importance de l'application pratique et de la collaboration avec les départements informatiques.

5. Le cinquième chapitre aborde les considérations éthiques de l'intégration de l'IA et du big data dans les RH. Il se concentre sur quatre domaines principaux : la confidentialité des données, les biais algorithmiques, l'utilisation responsable des informations des employés et la navigation dans le paysage éthique. Le chapitre souligne l'importance de protéger la confidentialité des données des employés et discute du risque de biais algorithmiques dans les systèmes d'IA. Il décrit également des stratégies pour naviguer dans le paysage éthique, y compris l'établissement de lignes directrices claires et la mise en œuvre de solutions techniques.

6. Le chapitre 6 présente une vue d'ensemble de la diversité en milieu de travail. Il présente la diversité comme s'étendant au-delà des catégories démographiques traditionnelles pour inclure les dimensions culturelles, éducatives et socio-économiques. Le chapitre examine divers aspects de la diversité, y compris la diversité démographique, culturelle, académique et socio-économique. Il souligne également l'importance de comprendre et d'embrasser la diversité pour favoriser la créativité, améliorer la prise de décision et élargir la portée du marché.

7. Le septième chapitre s'appuie sur une base, explorant les avantages multiples d'embrasser une diversité plus large sur le lieu de travail. Il discute de trois principaux avantages de la diversité : une créativité et une innovation accrues, une meilleure prise de décision et une portée de marché plus large. Le chapitre présente des preuves suggérant une corrélation positive entre la diversité des conseils d'administration et les résultats financiers, tout en reconnaissant la complexité de cette relation dans différents contextes et industries. Il inclut également des études de cas illustrant les impacts variés des initiatives de diversité dans divers environnements d'entreprise.

8. Le chapitre 8 confronte les défis de la création et du maintien d'un lieu de travail diversifié. Il identifie trois défis principaux : les biais inconscients, les problèmes de communication et la résistance au changement. Le chapitre discute de la façon dont ces facteurs peuvent entraver les efforts de diversité et suggère des approches pour les aborder, y compris des programmes de formation complets et des protocoles de communication clairs. Il se concentre également sur les stratégies pour favoriser l'inclusivité, en mettant particulièrement l'accent sur la mise en œuvre de formations sur les biais.

9. Le neuvième chapitre se concentre sur des stratégies spécifiques pour favoriser l'inclusivité, en particulier sur les programmes de mentorat et les Groupes de Ressources des Employés (GREs). Il décrit des étapes spécifiques et réalisables pour mettre en œuvre efficacement ces initiatives. Le chapitre recommande d'établir des structures formelles pour les programmes de mentorat et de soutenir la formation des GREs. Il souligne également le rôle des GREs dans la fourniture de réseaux de soutien, la promotion du changement et l'amélioration de l'engagement des employés.

10. Le chapitre 10 souligne le rôle critique du leadership dans la promotion de la diversité et la création d'une culture de travail inclusive. Il décrit quatre aspects clés du leadership inclusif : la conscience de soi et l'intelligence émotionnelle, l'empathie et le soutien, l'adaptabilité et l'apprentissage continu. Le chapitre fournit des stratégies pour que les leaders modélisent des comportements inclusifs, notamment en promouvant une communication ouverte, en défendant les initiatives de diversité et en mettant en œuvre des programmes de formation complets. Il souligne également l'importance pour les leaders de s'engager activement et de soutenir les efforts de diversité, allant au-delà des gestes performatifs pour démontrer un engagement authentique.

11. Le onzième chapitre décrit les approches pour conduire le changement organisationnel à travers un leadership inclusif et mesurer les progrès en matière de diversité. Il souligne le rôle du leadership dans la promotion de l'innovation, l'amélioration de l'engagement des employés et l'amélioration de la performance financière grâce aux initiatives de diversité. Le chapitre détaille les indicateurs clés de diversité, notamment la représentation démographique, les mesures d'équité, l'inclusion et l'accessibilité. Il fournit également une feuille de route pour l'amélioration à long terme, mettant en évidence la nécessité d'un cadre actionnable, de transparence, d'engagement du leadership et d'amélioration continue.

12. Le chapitre 12 explore le concept de visibilité dans les initiatives de diversité et d'inclusion. Il introduit le "défi de la diversité cachée", abordant les formes moins apparentes de diversité, telles que les différences cognitives, les expériences et les antécédents culturels. Le chapitre discute de l'impact de la diversité cachée sur les organisations, faisant référence à la théorie du capital humain et à ses critiques. Il aborde également les idées reçues courantes sur la diversité, soulignant qu'elle va au-delà de la race et du genre et nécessite un effort continu plutôt que d'être une simple case à cocher.

13. Le treizième chapitre présente l'argumentaire commercial pour la diversité visible et examine les obstacles qui entravent sa mise en œuvre dans les organisations. Il souligne comment la diversité contribue à l'innovation, à une meilleure prise de décision et à une performance financière améliorée, citant des études montrant que les entreprises diverses surpassent leurs homologues moins diverses. Le chapitre explore comment les barrières linguistiques, les stéréotypes et le tokenisme entravent la diversité. Il offre également des stratégies pour surmonter ces obstacles, y compris la formation à la sensibilisation aux préjugés, la recalibration des pratiques d'embauche et la promotion d'un leadership inclusif.

14. Le chapitre 14 se concentre sur les stratégies pour accroître la visibilité de la diversité et mesurer son impact. Il décrit diverses méthodes pour améliorer la visibilité, notamment en obtenant l'engagement de la direction, en mettant en œuvre des politiques inclusives, en impliquant les employés et en tirant parti de la technologie et des données. Le chapitre détaille les métriques critiques pour mesurer la diversité, y compris la composition de la main-d'œuvre, les taux de rétention, l'équité salariale et la représentation dans le leadership. Il discute également de l'impact de la diversité visible sur la culture organisationnelle et de ses implications pratiques pour les leaders.

15. Le quinzième chapitre se tourne vers l'avenir, explorant des stratégies pour créer une culture de visibilité à long terme et examinant les tendances émergentes en matière de diversité visible. Il décrit des stratégies pour construire une culture de visibilité, y compris la promotion d'une communication ouverte, l'exploitation de la technologie et l'alignement de la culture organisationnelle avec les objectifs stratégiques. Le chapitre prédit les futures tendances en matière de diversité visible, soulignant le rôle croissant de l'IA et de l'analyse de données dans la promotion de la diversité et de l'inclusion. Il souligne également que la création d'une culture de visibilité est un processus continu nécessitant des efforts constants, des mesures et une adaptation.

16. Le chapitre 16 étudie l'impact transformateur de l'apprentissage automatique et des stratégies basées sur les données sur les initiatives de diversité. Il aborde la puissance des données dans l'élaboration des efforts de diversité, soulignant comment les organisations peuvent utiliser ces outils pour identifier les écarts, évaluer les progrès et mettre en œuvre des solutions ciblées. Le chapitre examine le rôle de l'apprentissage automatique dans les initiatives de diversité, en particulier pour atténuer les biais inconscients dans les processus de recrutement et prédire les futures tendances de diversité. Il aborde également les défis de mise en œuvre, les considérations éthiques et les mesures de renforcement de la confiance pour une utilisation responsable de l'IA dans la gestion de la diversité.

17. Le dix-septième chapitre compare les stratégies traditionnelles de diversité en milieu de travail avec les approches basées sur des données. Il souligne les limites des stratégies conventionnelles comme les politiques d'égalité des chances en matière d'emploi et d'action positive, qui se concentrent souvent sur la conformité et les quotas plutôt que sur les problèmes systémiques. Le chapitre explore les avantages des approches basées sur les données, notamment une précision accrue dans l'identification des écarts de diversité, le suivi des métriques en temps réel et l'analyse prédictive pour atténuer les biais. Il aborde également la question critique des biais dans les données et les algorithmes, explorant leurs sources, leurs impacts sur les stratégies de diversité et les considérations éthiques.

18. Le chapitre 18 présente des études de cas d'initiatives de diversité réussies basées sur les données dans divers secteurs. Il explore plusieurs exemples notables, dont l'initiative de diversité de 300 millions de dollars d'Intel, l'analyse complète de l'équité salariale de Salesforce et le tableau de bord interne de diversité de Microsoft. Le chapitre aborde également les initiatives pour la diversité des personnes handicapées, l'utilisation de logiciels RH cloud pour l'égalité en milieu de travail et les efforts pour accroître la diversité dans les essais cliniques. Il souligne comment ces initiatives ont amélioré les métriques de diversité et renforcé la performance organisationnelle globale, la satisfaction des employés et l'impact communautaire.

19. Le dix-neuvième chapitre aborde les défis de mise en œuvre et les solutions pour les initiatives de diversité, d'équité et d'inclusion (DEI). Il identifie les défis critiques, notamment la résistance au changement, le manque d'adhésion de la direction, les biais inconscients, les contraintes de ressources et la complexité de l'intersectionnalité. Le chapitre décrit des solutions et des stratégies pour surmonter ces obstacles, telles que des programmes de formation complets, l'alignement stratégique de Diversité, Équité et Inclusion (DEI) avec les objectifs commerciaux et l'exploitation de la technologie RH. Il discute également des stratégies pour transformer la culture organisationnelle, y compris le dialogue ouvert, la récompense des comportements inclusifs et l'intégration de la diversité dans les valeurs fondamentales de l'entreprise.

20. Le dernier chapitre explore l'avenir de la gestion de la diversité, examinant le rôle de l'analyse prédictive et des stratégies proactives dans la formation de lieux de travail inclusifs. Il aborde l'application des techniques d'apprentissage automatique dans l'analyse de la dynamique de la main-d'œuvre et de l'engagement des employés, permettant aux organisations d'anticiper les défis liés à la diversité et d'optimiser l'allocation des ressources. Le chapitre décrit des stratégies proactives pour créer des environnements inclusifs, notamment cultiver des cultures organisationnelles inclusives, adopter des styles de leadership agiles et intégrer des solutions alimentées par l'IA dans les processus RH. Il conclut en fournissant des étapes pratiques pour que les leaders mettent en œuvre ces approches avancées dans leurs organisations.

Le livre apporte une contribution significative à la gestion de la diversité et à la planification stratégique des RH. En intégrant des perspectives technologiques de pointe à une compréhension nuancée des dynamiques humaines, il fournit un cadre complet pour aborder la diversité dans le lieu de travail moderne. L'accent mis sur la visibilité comme facteur crucial dans les initiatives de diversité offre une perspective nouvelle sur la création d'environnements véritablement inclusifs. De plus, en explorant l'intersection entre la gestion de la diversité et les technologies émergentes comme l'IA et l'analyse de données, ce livre se positionne à l'avant-garde de l'innovation RH. Il aborde non seulement les défis actuels, mais anticipe également les tendances futures, équipant les lecteurs des connaissances et des stratégies nécessaires pour naviguer dans le paysage évolutif de la diversité en milieu de travail.

"*Confronter la Diversité*" est à la fois un guide pratique et une feuille de route visionnaire pour les professionnels des RH et les dirigeants d'entreprise. Il remet en question la sagesse conventionnelle, offre des insights basés sur les données et fournit des stratégies exploitables pour tirer parti de la diversité comme catalyseur du succès organisationnel. Alors que la visibilité de la diversité et sa gestion stratégique deviennent de plus en plus cruciales, ce livre est indispensable pour ceux qui s'engagent à créer des organisations plus équitables, innovantes et performantes.

Dr. Amdy Diene - PDG de Touba Digital Consulting

INTRODUCTION

À une époque de progrès technologiques rapides et d'attentes culturelles changeantes, les entreprises doivent promouvoir des lieux de travail diversifiés, égalitaires et inclusifs qui favorisent la créativité, améliorent la prise de décision et inspirent un sentiment d'appartenance à tous les employés. "*Affronter la Diversité : Le facteur de visibilité à travers une gestion stratégique efficace des RH*" explore comment les pratiques actuelles des RH, les stratégies basées sur les données et les technologies futures peuvent révolutionner la diversité sur le lieu de travail. Ce livre examine la nature multidimensionnelle de la diversité, en étudiant ses dimensions visibles et cachées, et fournit des perspectives pratiques pour les professionnels des RH, les dirigeants d'entreprise et toute personne passionnée par la création d'environnements véritablement inclusifs. En examinant attentivement les approches traditionnelles juxtaposées aux méthodologies de pointe, les lecteurs acquerront une compréhension nuancée des défis et des opportunités présentés par les initiatives de diversité dans le monde du travail contemporain.

Les chapitres suivants guident les lecteurs à travers plusieurs domaines clés, en commençant par l'évolution du rôle des RH à l'ère numérique et en explorant comment les avancées technologiques remodèlent les fonctions et les stratégies RH. Le livre propose ensuite une analyse approfondie de la diversité sur le lieu de travail, ses dimensions et les arguments commerciaux en faveur de l'adoption de la diversité comme impératif stratégique.

Il aborde l'importance de rendre la diversité visible et valorisée au sein des organisations, en discutant des obstacles à la reconnaissance et des stratégies pour favoriser l'inclusivité. Une grande partie du livre explore le potentiel transformateur de l'apprentissage automatique et des approches basées sur les données dans la gestion de la diversité. Cette section comprend des études de cas de mises en œuvre réussies et des conseils pour surmonter les obstacles courants. Les derniers chapitres offrent une perspective prospective sur l'avenir des initiatives de diversité, en mettant en lumière les tendances émergentes en matière d'analyse prédictive et de stratégies proactives pour créer des lieux de travail inclusifs.

Tout au long du livre, les lecteurs trouveront un mélange de cadres théoriques, de stratégies pratiques et d'exemples concrets qui illustrent la puissance d'une gestion efficace de la diversité. En intégrant des perspectives issues de la recherche académique, des meilleures pratiques de l'industrie et des solutions technologiques innovantes, l'ouvrage offre une vue holistique de la façon dont les organisations peuvent tirer parti de la diversité pour réussir dans un marché de plus en plus mondial et compétitif.

Alors que nous naviguons dans les complexités de la dynamique moderne de la main-d'œuvre, "*Affronter la Diversité*" est à la fois un guide et un appel à l'action. Il met au défi les dirigeants d'aller au-delà des efforts de diversité superficiels et d'adopter des approches stratégiques basées sur les données qui peuvent créer un changement durable. À la fin de ce livre, les lecteurs seront équipés des connaissances, des outils et de l'inspiration nécessaires pour mener des initiatives de diversité transformatrices qui peuvent façonner l'avenir du travail et de la société en général. À une époque où la visibilité et la valeur de la contribution de chaque individu n'ont jamais été aussi cruciales, ce livre offre une feuille de route opportune et essentielle pour les organisations cherchant à exploiter pleinement le potentiel de leur main-d'œuvre diverse. Bienvenue dans un voyage de découverte, d'innovation et de changement significatif en matière de diversité et d'inclusion sur le lieu de travail.

Chapter 1
L'ère numérique et l'évolution du rôle des RH
Introduction

L'aube de l'ère numérique a inauguré une période de transformation pour les Ressources Humaines (RH), remodelant fondamentalement leur rôle et leurs fonctions au sein des organisations. Le chapitre explore l'impact multidimensionnel des avancées technologiques sur les pratiques RH, en examinant les défis et les opportunités que présente cette révolution numérique. En naviguant dans ce nouveau paysage, nous examinerons comment les RH évoluent de leur rôle administratif traditionnel pour devenir un partenaire stratégique dans la réussite organisationnelle. Nous explorerons l'intégration de l'intelligence artificielle (IA) et de l'apprentissage automatique dans les processus RH, l'essor de la prise de décision basée sur les données, et l'émergence de plateformes numériques qui changent la nature du travail.

Le chapitre abordera également l'équilibre crucial entre les solutions high-tech et la touche humaine dans les RH, soulignant l'importance de maintenir l'*humain* dans les Ressources Humaines. Nous discuterons des nouvelles compétences requises pour les professionnels RH à l'ère numérique et fournirons une feuille de route pour leur développement. Enfin, nous aborderons les considérations éthiques découlant de l'adoption des technologies RH, y compris la confidentialité des données, les biais algorithmiques et l'utilisation responsable des informations des employés. À la fin de ce chapitre, les lecteurs comprendront comment les RH s'adaptent et tirent parti de la transformation numérique pour stimuler la croissance organisationnelle et la satisfaction des employés au 21e siècle.

L'aube de la transformation numérique des RH

La transformation numérique des ressources humaines (RH) est un changement significatif motivé par les rapides avancées technologiques qui remodèlent le fonctionnement des entreprises. Cette transformation ne concerne pas seulement l'adoption de nouvelles technologies, mais implique un changement fondamental dans le fonctionnement des RH, s'alignant étroitement sur les objectifs organisationnels pour favoriser le succès.

Changements technologiques affectant les entreprises

L'innovation numérique a déclenché un changement sismique dans les paysages d'entreprise, inaugurant une ère d'efficacité et de perspicacité sans précédent. L'avènement de l'intelligence artificielle, associé à la prolifération de l'analyse de données, des systèmes basés sur le cloud et de l'automatisation, a irrévocablement modifié le modus operandi des entreprises dans de nombreux secteurs (HRbrain Blog Post, 2024). Ces technologies de pointe permettent aux organisations de rationaliser leurs opérations, de renforcer la productivité et de prendre des décisions éclairées fondées sur des preuves empiriques.

La métamorphose des ressources humaines par des moyens numériques implique l'intégration harmonieuse de ces merveilles technologiques, révolutionnant tout, de l'acquisition de talents à l'engagement des employés (Gupta, 2022). Imaginez ceci : des algorithmes d'IA et d'apprentissage automatique triant les CV à la vitesse de l'éclair, libérant les professionnels RH des tâches mondaines. Cette libération technologique leur permet de canaliser leurs énergies vers des efforts stratégiques qui font bouger les choses. Mais ce n'est pas tout. La puissance des outils d'analyse ne peut être surestimée. Ces oracles numériques fournissent des aperçus inestimables sur la dynamique de la main-d'œuvre, permettant aux départements RH de prendre des décisions stratégiques concernant l'acquisition et la rétention des talents (Verlinden, 2024). Dans un monde de transformation numérique, la fonction des ressources humaines se tient prête à redéfinir son rôle et son impact au sein des organisations.

Remodelage du paysage RH

La transformation numérique des RH remodèle le paysage en déplaçant l'accent des tâches administratives vers des rôles stratégiques. Les départements RH sont maintenant censés diriger les initiatives de changement numérique, alignant la technologie sur les objectifs commerciaux pour améliorer l'expérience des employés et optimiser la gestion des performances (HRbrain Blog Post, 2024 ; Gupta, 2022). Ce changement exige des professionnels RH qu'ils adoptent de nouvelles compétences, telles que la littératie des données et la maîtrise du numérique, pour exploiter efficacement la technologie (Zhang & Chen, 2024). De plus, la transformation numérique dans les RH facilite une main-d'œuvre plus agile et réactive, capable de s'adapter à l'environnement commercial en rapide évolution. Elle permet la création d'un lieu de travail numérique qui soutient le travail à distance, les horaires flexibles et les opportunités d'apprentissage continu, répondant ainsi aux attentes d'une main-d'œuvre moderne (Pahl, 2021). La *Figure 1* montre les principaux domaines où la technologie RH peut avoir un impact et autonomiser les entreprises.

Figure 1. Source: myHRfuture

Urgence pour les professionnels RH de s'adapter

L'urgence pour les professionnels RH de s'adapter à cette ère numérique ne peut être exagérée. Alors que les entreprises s'appuient de plus en plus sur des outils numériques pour obtenir un avantage concurrentiel, les RH doivent favoriser une culture d'innovation et d'amélioration continue. Cette urgence implique l'adoption de nouvelles technologies, le développement, la gestion du changement, la sécurité des données et la conformité. Les professionnels RH doivent adopter et intégrer de manière proactive de nouvelles technologies qui améliorent les fonctions RH et l'expérience des employés (Gupta, 2022 ; Verlinden, 2024). La mise à niveau et la requalification de l'équipe RH sont cruciales pour garantir qu'ils puissent utiliser efficacement les outils numériques et l'analytique pour piloter les décisions stratégiques (HRbrain Blog Post, 2024 ; Pahl, 2021).

Naviguer avec succès dans la transformation numérique nécessite des stratégies efficaces de gestion du changement pour assurer des transitions en douceur et minimiser la résistance des employés (Gupta, 2022). Avec une dépendance accrue aux outils numériques, les RH doivent prioriser la sécurité des données et la conformité pour protéger les informations sensibles des employés, affirme Gupta. La transformation numérique des RH est un impératif stratégique qui exige que les professionnels RH évoluent et s'adaptent à de nouveaux rôles à l'ère numérique. En tirant parti de la technologie, les RH peuvent améliorer leur valeur stratégique au sein des organisations, stimulant l'innovation et améliorant la performance globale de l'entreprise.

De gestionnaires administratifs à partenaires stratégiques

Le rôle des Ressources Humaines (RH) connaît une transformation significative, principalement motivée par les avancées technologiques qui automatisent les tâches routinières, permettant aux professionnels RH de se concentrer sur des initiatives plus stratégiques. Ce changement redéfinit les RH, passant de fonctions administratives traditionnelles à des partenaires stratégiques dans la réussite organisationnelle.

Automatisation et efficacité

La métamorphose des Ressources Humaines, passant d'un simple rouage administratif à une puissance stratégique, a été rien de moins que révolutionnaire. Finis les jours où les professionnels RH étaient enchaînés à leurs bureaux, enlisés dans le bourbier des tâches banales. L'avènement de technologies de pointe a inauguré une nouvelle ère où l'automatisation règne en maître (HR Future, 2024). Ce changement sismique a non seulement rationalisé les opérations, mais a également catapulté les RH dans le domaine de la prise de décision stratégique.

Dans cette ère, les professionnels RH ne sont plus asservis par la tyrannie de la paperasserie ; au contraire, ils ont été émancipés et sont libres de se concentrer sur la quintessence de leur rôle : nourrir le capital humain. Les tâches auparavant chronophages de traitement de la paie et d'administration des avantages sociaux ont été reléguées aux mains capables de systèmes automatisés, assurant une précision chirurgicale et une conformité inébranlable (Nasit, 2023).

Cette nouvelle libération a donné naissance à une renaissance d'initiatives centrées sur les personnes. Les experts RH manient désormais leur expertise pour élaborer des programmes de développement de carrière sur mesure, adaptés aux besoins et aspirations uniques de chaque employé. Ces programmes ne sont pas de simples clichés, mais des voies tangibles vers la croissance professionnelle. Les sessions de mentorat en tête-à-tête servent de creusets de transfert de connaissances, où des vétérans chevronnés transmettent leur sagesse durement acquise à des recrues enthousiastes. Dans ces tête-à-têtes, les objectifs sont forgés, les progrès sont méticuleusement suivis, et les carrières sont sculptées avec une précision chirurgicale (Jay, 2021).

Cependant, la révolution ne s'arrête pas là. Certaines organisations visionnaires ont porté le mentorat à de nouveaux sommets, mettant en œuvre des programmes de mentorat collectif. Ces forums servent d'agoras intellectuelles, où une tapisserie diverse d'expériences et de perspectives est tissée en une riche tenture de connaissances partagées. Dans ce nouveau monde courageux, les données sont primordiales. Les logiciels d'automatisation, agissant comme des sentinelles omniscientes, collectent et analysent les données pertinentes pour les RH à travers le paysage organisationnel. Ce trésor d'informations permet aux décideurs d'optimiser les processus existants avec une précision. En scrutant ces données, la direction peut découvrir des modèles cachés, identifier les risques potentiels et saisir des opportunités qui pourraient autrement rester obscures (Awati & Fitzgibbons, 2017).

Les fruits de cette approche axée sur les données sont multiples. Les politiques ne sont plus élaborées dans le vide, mais sont éclairées par des preuves empiriques. Les meilleures pratiques n'émergent plus d'intuitions, mais d'une analyse rigoureuse. Et peut-être plus important encore, l'automatisation des flux de travail a inauguré une ère de transparence et de responsabilité. L'automatisation est un rempart contre l'incohérence et l'iniquité dans les organisations ayant des avant-postes éloignés. Elle garantit que les pratiques RH restent uniformes dans l'ensemble, créant des conditions équitables pour tous les employés, indépendamment de leur localisation. Cette standardisation favorise l'équité et cultive un sentiment d'unité au sein de l'organisation.

Concentration stratégique et impact

Les avancées technologiques ont inauguré un changement de paradigme dans le paysage en constante évolution des ressources humaines. La corvée quotidienne autrefois synonyme de RH a été reléguée à l'automatisation, libérant les praticiens pour se tourner vers des poursuites plus saillantes et stratégiques. Cette métamorphose permet aux professionnels RH de devenir de véritables architectes du triomphe organisationnel. Non plus confinés aux tâches banales d'antan, les luminaires RH manient désormais leur perspicacité dans la cultivation des talents, la galvanisation de la main-d'œuvre et l'alchimie structurelle. Les anciens gratte-papiers se sont transmués en visionnaires, maniant des insights basés sur les données pour sculpter l'ADN même de leurs entreprises (The Sellbery Team Blog Post, 2024).

Le rôle des RH a subi une transmutation sismique. Autrefois relégué à la périphérie de la prise de décision d'entreprise, il se tient maintenant à l'épicentre, une étoile polaire guidant les stratégies d'affaires avec une prédiction surnaturelle. Le catalyseur de cette transformation ? L'avènement d'analyses sophistiquées. Ces oracles numériques ont donné aux RH le don de clairvoyance, leur permettant de deviner les tendances futures, de calibrer les méthodologies de recrutement et de fortifier les remparts de rétention des employés. De telles prédictions garantissent que les initiatives RH ne sont pas simplement des poursuites accessoires mais des composantes intégrales de la manœuvre d'affaires globale (Milligan, 2018).

Dans cette nouvelle époque, les RH ont transcendé leurs frontières traditionnelles, émergeant comme une force indispensable dans le firmament corporatif. Sa métamorphose de fonctionnaire administratif en pivot stratégique représente un saut quantique dans l'évolution organisationnelle, annonçant un avenir où le potentiel humain et la prouesse technologique fusionnent pour un effet sans précédent.

Expérience employé améliorée

Les avancées technologiques sur le lieu de travail ont révolutionné le parcours de l'employé, l'imprégnant d'une efficacité et d'un attrait nouveaux. Des étapes initiales de l'acquisition de talents aux nuances de l'évaluation des performances, les innovations numériques sont devenues la pierre angulaire d'un paradigme transformateur des ressources humaines. Grâce à leur prouesse algorithmique, les plateformes de recrutement de pointe passent au crible les pools de candidats avec une acuité sans précédent, libérant les professionnels RH pour cultiver des connexions significatives et créer une expérience candidate attrayante (The Sellbery Team Blog Post, 2024). Cette métamorphose technologique s'étend au-delà du processus d'embauche, imprégnant le tissu même du développement des employés.

Des systèmes sophistiqués de gestion des performances facilitent un échange symbiotique de feedback, favorisant une culture d'amélioration continue et alignant les aspirations individuelles sur les objectifs organisationnels globaux (Nasit, 2023). La mise en œuvre judicieuse de ces outils numériques rationalise les processus administratifs et engendre un milieu d'engagement et de motivation. Alors que le lieu de travail continue d'évoluer, la synergie entre l'ingéniosité humaine et l'innovation technologique promet de redéfinir l'essence même de l'expérience employé, propulsant les organisations vers des sommets de succès et d'épanouissement sans précédent.

Défis et Adaptation

La fusion de la technologie et des ressources humaines annonce un changement de paradigme dans la dynamique organisationnelle. Cette synergie, bien que propice, n'est pas sans tribulations. Les experts en RH se trouvent à la croisée des chemins, contraints d'augmenter leurs compétences avec de nouvelles aptitudes. L'analyse des données, autrefois domaine des spécialistes en informatique, incite désormais les professionnels des RH à se plonger dans ses subtilités (Nasit, 2023). La capacité à déchiffrer et à exploiter la richesse des informations à leur portée est devenue primordiale.

Alors que les algorithmes et l'intelligence artificielle intègrent des tâches quotidiennes, le paysage des RH se métamorphose. L'attention se déplace inévitablement vers des entreprises plus nuancées, essentiellement humaines. Le développement des talents et l'accompagnement de la métamorphose organisationnelle occupent désormais le devant de la scène. Ces activités exigent une acuité émotionnelle et une finesse interpersonnelle accrues (Nasit, 2023). Le professionnel des RH moderne doit naviguer sur ce terrain avec dextérité, équilibrant l'expertise technologique avec la compréhension humaine innée.

Cette évolution nécessite un recalibrage de l'éthos des RH. L'amalgame du silicium et des synapses crée une tapisserie d'opportunités et de défis. Ceux qui sauront habilement tisser ces fils se retrouveront à l'avant-garde de ce nouveau monde courageux. L'avenir des RH ne réside pas dans la résistance au changement, mais dans son adoption enthousiaste.

La Prise de Décision Basée sur les Données : Le Superpouvoir des RH

La prise de décision basée sur les données est apparue comme une force transformatrice dans les Ressources Humaines (RH), exploitant le big data et l'analytique pour révolutionner les pratiques RH. Cette approche fait passer les RH d'une prise de décision intuitive à une prise de décision fondée sur des preuves, améliorant les processus de recrutement, de rétention et de développement des employés. En cette époque de prolifération numérique, l'omniprésence des données règne en maître. Les experts en Ressources Humaines font face à un dilemme sans précédent : exploiter la puissance de l'analytique pour élever l'efficacité organisationnelle et optimiser la gouvernance de la main-d'œuvre (Jorgovan, 2023).

La métamorphose des RH, passant d'un simple rouage administratif à un architecte pivot de la stratégie d'entreprise, est remarquable. Cette transformation doit beaucoup à l'avènement de l'analytique RH, un outil d'une puissance inégalée dans l'arène commerciale moderne. Pour exploiter pleinement le potentiel de cet instrument révolutionnaire, il faut d'abord en saisir l'essence et le fonctionnement interne. Dans son essence, l'analytique RH est l'alchimie qui transforme les données brutes du personnel en insights exploitables. Elle utilise des méthodologies statistiques et des modèles prédictifs pour découvrir des modèles et des tendances au sein de l'écosystème de la main-d'œuvre.

Les ramifications de cette approche analytique sont vastes. En exploitant l'analytique RH, les organisations peuvent prendre des décisions basées sur les données qui transcendent le domaine de l'intuition et des conjectures. De l'optimisation des processus de recrutement à la prédiction de l'attrition des employés, les applications sont multiples et profondes. Considérez l'impact sur l'acquisition de talents. En analysant les données historiques d'embauche, les professionnels RH peuvent identifier les caractéristiques des meilleurs performeurs et affiner leurs stratégies de recrutement, rationalisant ainsi le processus d'embauche et améliorant la qualité des nouvelles recrues, renforçant ultimement la performance organisationnelle.

De plus, l'analytique RH est un oracle prescient qui prévoit les besoins futurs en main-d'œuvre et les lacunes potentielles en compétences. Armées de ces connaissances, les organisations peuvent développer de manière proactive des programmes de formation et des plans de succession, assurant une transition sans heurts à mesure que le paysage commercial évolue. L'efficacité de l'analytique RH dans la promotion de l'engagement des employés ne peut être surestimée. En examinant des facteurs tels que la satisfaction au travail, l'équilibre travail-vie personnelle et la progression de carrière, les RH peuvent mettre en œuvre des interventions ciblées pour stimuler le moral et la productivité.

Cette approche basée sur les données pour le bien-être des employés améliore les taux de rétention et cultive une culture organisationnelle plus dynamique et vibrante. L'application judicieuse de l'analytique RH a le potentiel de révolutionner la façon dont les organisations gèrent leur atout le plus précieux : leurs employés. Alors que le monde des affaires continue d'évoluer à un rythme effréné, ceux qui maîtriseront cet outil puissant se retrouveront sans aucun doute à l'avant-garde du succès organisationnel.

Comment les mégadonnées et l'analyse révolutionnent les RH

Les mégadonnées et l'analyse ont inauguré un changement de paradigme dans les ressources humaines, propulsant les services RH au-delà des méthodologies obsolètes. Cette métamorphose dote les professionnels d'une perspicacité incisive et applicable. Grâce à la dissection méticuleuse d'ensembles de données colossaux, les virtuoses des RH peuvent désormais discerner des tendances, pronostiquer les besoins en main-d'œuvre et prendre des décisions judicieuses qui s'harmonisent parfaitement avec les objectifs organisationnels (Fermin, 2023). La synergie entre les mégadonnées et les pratiques RH a donné naissance à une nouvelle ère de gestion stratégique de la main-d'œuvre.

Cette symbiose entre technologie et perspicacité humaine a engendré un bond quantique dans l'efficacité des RH. En exploitant la puissance de l'analyse prédictive, les services RH peuvent désormais anticiper l'attrition des employés, optimiser les stratégies d'acquisition de talents et cultiver une main-d'œuvre plus engagée. L'amalgame des mégadonnées avec les pratiques RH a transformé le domaine en un bastion de prise de décision empirique, rejetant les intuitions au profit de stratégies fondées sur les données. Ce changement typique augmente l'efficacité opérationnelle et positionne les RH comme un moteur essentiel du succès organisationnel. Dans ce nouveau monde audacieux des RH centrées sur les données, le potentiel d'innovation et d'optimisation semble illimité.

Principaux domaines d'impact

Dans les ressources humaines contemporaines, l'analyse de données est devenue un outil exemplaire, révolutionnant les stratégies de recrutement, de sélection et de rétention des employés. En exploitant la puissance de l'analyse algorithmique, les équipes RH peuvent désormais examiner les résultats historiques d'embauche, les tendances démographiques et les indicateurs de performance avec une précision sans précédent. Cette nouvelle capacité à analyser de vastes trésors d'informations permet aux organisations d'identifier les canaux d'acquisition de talents efficaces et de sélectionner les candidats dont les qualifications et l'éthos s'alignent parfaitement sur l'esprit du temps de l'entreprise (Antunes, 2024 ; Mangum, 2024).

De plus, l'application judicieuse des insights basés sur les données permet de surveiller méticuleusement l'engagement des employés, la satisfaction au travail et les taux d'attrition, éclairant les facteurs multiples qui influencent la stabilité et la loyauté de la main-d'œuvre (Antunes, 2024 ; HRO resources, 2022). L'impact de l'analyse de données s'étend bien au-delà de l'acquisition et de la rétention des talents, imprégnant les sphères du développement des employés et de la gestion de la performance. En exploitant des techniques sophistiquées d'analyse de données, les professionnels RH peuvent élaborer des initiatives de formation et de développement adaptées pour répondre aux lacunes spécifiques en compétences et nourrir les aspirations de carrière (Mangum, 2024 ; HRO resources, 2022).

Cette approche granulaire de la culture du talent garantit que les ressources organisationnelles sont allouées avec une efficacité maximale, favorisant une main-d'œuvre hautement qualifiée et profondément engagée. De plus, l'intégration de méthodologies basées sur les données dans les processus d'évaluation de la performance facilite la création d'évaluations objectives et factuelles. Selon Antunes et Mangum, de telles évaluations identifient les domaines propices à l'amélioration et alignent les objectifs de performance individuels sur les objectifs organisationnels globaux, cultivant ainsi une relation symbiotique entre la croissance des employés et le succès de l'entreprise.

Avantages des RH basées sur les données

L'avènement des méthodologies basées sur les données a inauguré un changement de paradigme dans la gestion des ressources humaines, produisant de nombreux avantages au-delà des pratiques RH traditionnelles. Ce bond dans la capacité de prise de décision et l'aptitude à formuler des stratégies proactives et à synchroniser les efforts avec les objectifs commerciaux globaux a propulsé les RH vers une nouvelle importance organisationnelle. L'application judicieuse de l'analyse de données dans les processus RH est un puissant antidote aux biais cognitifs, élevant la précision et l'efficacité des décisions à travers tout le spectre de la gestion du capital humain (Mangum, 2024 ; Visier Team, 2024). Cette nouvelle perspicacité se manifeste de multiples façons, allant de la curation méticuleuse des talents lors du recrutement à la cultivation nuancée du potentiel des employés et à la rétention stratégique du personnel à haute valeur.

L'un des aspects peut-être les plus transformateurs de cette révolution centrée sur les données réside dans l'analyse prédictive. Armés de cet outil prescient, les départements RH peuvent désormais scruter l'avenir, anticipant les défis imminents et identifiant les opportunités naissantes avec une clarté sans précédent (Visier Team, 2024). Cette clairvoyance permet aux professionnels RH d'élaborer des stratégies préventives et de mettre en œuvre des interventions ciblées, transformant efficacement la gestion réactive en intendance proactive. De plus, l'intégration d'insights basés sur les données facilite un alignement sans précédent entre les initiatives RH et les objectifs organisationnels, garantissant que chaque investissement en capital humain contribue directement au succès de l'entreprise, selon

Antunes (2024) et le Visier Team. À mesure que les départements RH exploitent de plus en plus la puissance des mégadonnées et de l'analyse avancée, ils se métamorphosent en centres stratégiques, conduisant au triomphe organisationnel et cimentant leur position en tant que contributeurs indispensables à la tapisserie de l'intelligence d'affaires.

Conclusion

La transformation numérique des Ressources Humaines (RH) a inauguré une nouvelle ère de gestion organisationnelle. Comme Le chapitre l'a exploré, les RH ne sont plus confinées à leur rôle administratif traditionnel, mais ont évolué pour devenir le centre stratégique d'une organisation. Cette transformation est principalement motivée par l'intégration de technologies avancées telles que l'intelligence artificielle, l'apprentissage automatique et l'analyse de données dans les processus RH. L'adoption de ces technologies a révolutionné tous les aspects des RH, du recrutement et de l'engagement des employés à la gestion de la performance et aux stratégies de rétention. En exploitant ces outils numériques, les départements RH peuvent prendre des décisions basées sur les données, s'éloignant des approches intuitives pour adopter des stratégies fondées sur des preuves. Ce changement a positionné les RH comme un partenaire stratégique crucial dans la réalisation des objectifs organisationnels.

L'un des résultats les plus significatifs de cette transformation numérique est l'amélioration de l'expérience employé. Les outils numériques ont rationalisé les processus RH, rendant les interactions plus efficaces et engageantes tout au long du cycle de vie de l'employé. Des premières étapes du recrutement au développement continu et à l'éventuel départ, la technologie a permis aux RH de créer des expériences plus personnalisées et réactives. Cependant, cette révolution numérique apporte aussi de nouveaux défis. Les professionnels RH doivent développer de nouvelles compétences, notamment en matière de littératie numérique et de capacités d'analyse de données. Ils doivent apprendre à exploiter la puissance de l'analyse RH tout en abordant des considérations éthiques cruciales telles que la confidentialité des données, les biais algorithmiques et l'utilisation responsable des informations des employés.

À mesure qu'elles évoluent dans ce paysage numérique, les RH doivent trouver un équilibre entre l'innovation technologique et la touche humaine. Le département RH performant de demain sera celui qui saura exploiter la technologie pour améliorer l'efficacité et la prise de décision tout en maintenant l'élément "*humain*" dans les Ressources Humaines. Cet équilibre sera crucial pour naviguer dans les complexités du lieu de travail moderne et façonner l'avenir du travail. Pour l'avenir, les professionnels RH doivent rester agiles et engagés dans un apprentissage continu. Ils doivent se tenir au courant des avancées technologiques et être prêts à adapter leurs stratégies en conséquence. En même temps, ils doivent être vigilants quant aux implications éthiques des technologies RH, en s'assurant que les outils numériques sont utilisés de manière responsable et bénéficient à la fois à l'organisation et à ses employés.

En conclusion, la transformation numérique des RH représente à la fois un défi et une opportunité. En embrassant cette révolution numérique tout en se concentrant sur les personnes, les RH peuvent conduire les organisations vers une nouvelle ère d'efficacité, d'innovation et de pratiques centrées sur l'employé. À mesure que nous avançons, les RH joueront sans aucun doute un rôle central dans la conduite du succès organisationnel à l'ère numérique.

Chapitre 2

L'essor de l'IA et de l'apprentissage automatique dans les RH

L'Intelligence Artificielle et l'apprentissage automatique catalysent un changement sismique dans les Ressources Humaines. La marche inexorable de ces technologies métamorphose le paysage des RH, engendrant des niveaux d'efficience et d'efficacité sans précédent. Des tâches quotidiennes à la prise de décisions stratégiques, l'IA et l'apprentissage automatique imprègnent chaque facette des opérations RH, inaugurant une nouvelle ère d'engagement des employés et de dynamiques organisationnelles. L'intégration de ces technologies de pointe n'est pas une tendance éphémère mais un changement de paradigme fondamental. Les professionnels des RH sont témoins d'un bond quantique dans leurs capacités, renforcés par des algorithmes capables de traiter de vastes étendues de données avec une vitesse et une précision inégalées. Cette symbiose entre l'expertise humaine et l'intelligence machine redéfinit l'essence même des pratiques RH.

Dans l'acquisition de talents, les systèmes basés sur l'IA révolutionnent le processus de recrutement. Ces plateformes sophistiquées peuvent passer au crible des milliers de CV en quelques secondes, identifiant les candidats optimaux avec une précision déconcertante. Le résultat est une réduction spectaculaire du temps d'embauche et une amélioration significative de la qualité des recrutements. L'engagement des employés, longtemps considéré comme le Saint Graal des RH, connaît une renaissance grâce aux analyses alimentées par l'apprentissage automatique. Ces systèmes peuvent déchiffrer des schémas complexes dans le comportement des employés, prédire les problèmes potentiels avant qu'ils ne surviennent et suggérer des interventions sur mesure. Le résultat est une main-d'œuvre qui se sent comprise, valorisée et motivée à performer à son zénith.

Ces technologies augmentent les capacités de prise de décision humaine, donnant aux leaders RH des insights basés sur les données sans précédent. De la planification des effectifs à la gestion de la succession, l'IA permet aux RH d'évoluer d'une fonction de support à un partenaire stratégique de l'entreprise. Alors que nous nous tenons au seuil de cette révolution technologique, une chose est claire : la fusion de l'IA et de l'apprentissage automatique avec les RH va non seulement transformer la fonction, mais aussi redéfinir son ADN. Les professionnels des RH qui embrassent ce changement se retrouveront à l'avant-garde d'une nouvelle ère de gestion des ressources humaines, plus efficace et infiniment plus percutante.

Présélection de CV

Un changement sismique s'est produit dans le domaine du recrutement. Les innovations basées sur l'IA ont métamorphosé la tâche autrefois pénible de l'examen des CV en un processus rationalisé et productif. Ces systèmes de pointe, exploitant la puissance du traitement du langage naturel et des algorithmes d'apprentissage automatique, analysent habilement les curriculums vitae, extrayant les informations pertinentes avec une précision remarquable. Le résultat ? Un classement minutieusement élaboré des candidats, basé sur des critères sur mesure (Kadirov et al., 2024).

Cette prouesse technologique a considérablement réduit le temps et les efforts consacrés à la présélection manuelle. Les experts en ressources humaines se trouvent désormais libérés pour poursuivre des activités plus stratégiques, affranchis de la corvée de l'examen routinier des CV (Saleh & Gajendran, 2023). Les implications sont profondes. Cependant, cette révolution portée par l'IA n'est pas sans écueils. Une ombre d'inquiétude plane sur les biais potentiels qui se cachent dans ces systèmes. Il existe un risque non négligeable que ces arbitres algorithmiques perpétuent involontairement des stéréotypes insidieusement intégrés dans leurs données d'entraînement (Li et al., 2023).

En réponse à cette difficulté, un groupe de chercheurs et de développeurs s'est lancé dans une quête visant à élaborer des algorithmes équitables pour atténuer les biais dans les outils de recrutement basés sur l'IA (Mujtaba & Mahapatra, 2019). Cette entreprise représente un tournant critique dans l'évolution des pratiques de recrutement. L'avènement des systèmes de suivi des candidatures (ATS) a inauguré une nouvelle ère d'efficacité. Ces savants numériques, illustrés par des plateformes comme Teamtailor, ont transformé le paysage du recrutement. Ils facilitent la diffusion fluide des offres d'emploi, agrègent les CV provenant de sources multiples et identifient les candidats optimaux avec un enthousiasme sans précédent. Ces outils basés sur l'IA fonctionnent comme des assistants infatigables, opérant 24 heures sur 24 pour accélérer et améliorer le processus de recrutement (Novaković & Dražeta, 2024). L'avenir du recrutement semble être arrivé, riche de promesses et de pièges potentiels.

Intégration des employés

L'avènement de l'intelligence artificielle a engendré un changement de paradigme dans l'odyssée de l'intégration, créant des expériences sur mesure pour les nouveaux employés. Grâce à leur puissance de calcul inégalée, ces systèmes d'IA sophistiqués naviguent sans effort dans le dédale des détails administratifs. De la vérification méticuleuse des documents à la chorégraphie complexe des calendriers de formation, l'IA orchestre une symphonie d'efficacité, assurant une admission sans heurts des nouveaux venus dans le giron organisationnel (Saleh & Gajendran, 2023).

Dans ce nouveau monde courageux de l'induction numérique, les chatbots alimentés par l'IA émergent comme des mentors infatigables, toujours vigilants et infiniment patients. Ces conseillers virtuels se tiennent prêts à dispenser leur sagesse, répondant à la myriade de questions qui assaillent inévitablement les nouvelles recrues. Ils offrent une assistance et des conseils instantanés avec empressement et précision, transformant ce qui pourrait être accablant en quelque chose d'éminemment gérable.

Les répercussions de cette métamorphose axée sur l'IA se répercutent dans tout l'écosystème de l'intégration. L'efficacité, autrefois une aspiration élevée, devient maintenant une réalité atteignable. Pourtant, le véritable savoir réside dans l'amélioration du quotient expérientiel du processus d'intégration. Alors que les néophytes traversent ce paysage augmenté par l'IA, ils se retrouvent enveloppés dans un environnement qui nourrit l'engagement et cultive la satisfaction dès le début de leur mandat. Cette interaction entre le potentiel humain et l'intelligence artificielle annonce une nouvelle époque dans l'intégration des talents. C'est un monde où l'appréhension initiale de rejoindre une nouvelle organisation cède la place à un sentiment d'appartenance et de but catalysé par la main invisible de l'IA (Saleh & Gajendran, 2023). L'avenir de l'intégration, semble-t-il, n'est pas seulement efficace ; il est extraordinaire.

Gestion de la performance

Dans le milieu contemporain de la gestion de la performance, l'intelligence artificielle s'est épanouie en une force invincible, maniant sa puissance algorithmique pour transmuter les évaluations des employés et les stratégies de développement. Avec leur acuité computationnelle inégalée, ces savants numériques passent au crible une véritable mine de métriques de performance et de données comportementales. Leur mission ? Déterrer les joyaux cachés d'intuition enfouis dans ce déluge de données (Kadirov et al., 2024).

Les fruits de cette transformation portée par l'IA se manifestent sous la forme d'une riche tapisserie de retours personnalisés. Chaque fil, tissé avec une précision surnaturelle, illumine le chemin vers l'apothéose professionnelle. Cette transfiguration transcende la simple évaluation ; elle annonce un changement sismique dans la fixation des objectifs et l'augmentation des compétences. Désormais armées de ces révélations algorithmiques, les organisations peuvent tracer une route à travers les mers turbulentes des objectifs d'entreprise avec une clarté nouvelle. Simultanément, elles identifient les terrains fertiles pour une amélioration potentielle, mûrs pour la culture. Les répercussions de cette approche centrée sur les données cascadent à travers l'écosystème de l'entreprise, catalysant une poussée de productivité et de satisfaction au travail à la fois palpable et profonde.

Pourtant, la véritable pièce de résistance de l'IA dans la gestion de la performance réside dans ses capacités oraculaires. Ces mystiques numériques scrutent les domaines nébuleux des tendances de performance future, offrant aux virtuoses des RH une véritable boule de cristal. Dotés de cette puissance prémonitoire, les décideurs naviguent dans le paysage labyrinthique du développement des talents avec une assurance et une perspicacité sans précédent (Gupta et al., 2024).

Dans ce nouveau monde courageux de la gestion de la performance augmentée par l'IA, les frontières traditionnelles du potentiel humain subissent une redéfinition radicale. Les employés et les organisations, exploitant ces outils de pointe, s'embarquent dans une odyssée d'amélioration et d'optimisation perpétuelles. Le dénouement ? Une fusion symbiotique de l'homme et de la machine, où les insights basés sur les données alimentent une quête incessante d'excellence.

Cette révolution technologique dans la gestion de la performance améliore l'efficacité et démocratise le chemin vers la croissance professionnelle. C'est un paradigme où chaque employé peut bénéficier d'insights et de conseils sur mesure, quelle que soit sa position dans la hiérarchie de l'entreprise. Le résultat est un écosystème de travail plus équitable, dynamique et réactif, prêt à relever les défis d'un paysage commercial en constante évolution.

Applications de pointe

L'intelligence artificielle émerge comme un oracle perspicace dans la gestion de la main-d'œuvre, déchiffrant les signes cryptiques d'un exode imminent des employés. Cet augure technologique scrute de nombreuses variables, du flux et reflux temporaire de l'engagement aux métriques de performance concrètes, en passant par les marées capricieuses des forces du marché externe. Armées de cette prescience surnaturelle, les organisations peuvent préventivement aborder le spectre de l'attrition, mettant en œuvre des stratégies déterminées pour endiguer l'hémorragie de talents (Kadirov et al., 2024).

L'influence transformative de l'IA s'étend au-delà de la simple prédiction, métamorphosant le paysage du développement professionnel. Elle orchestre une symphonie d'expériences d'apprentissage personnalisées, élaborant des programmes de formation sur mesure qui résonnent avec les besoins uniques de chacun. Selon Kadirov et al. (2024), cette approche sur mesure catalyse l'amélioration continue des compétences et favorise des trajectoires de carrière qui s'élèvent vers des zéniths sans précédent.

Dans le monde labyrinthique des ressources humaines, l'Automatisation des Processus par la Robotique (RPA) émerge comme un deus ex machina numérique. Ce tour de force technologique assume le manteau des tâches mondaines et répétitives, de la danse intriquée du traitement de la paie aux complexités byzantines de l'administration des avantages sociaux. Libérés de ces entraves quotidiennes, les professionnels des RH peuvent maintenant diriger leur prouesse cognitive vers des initiatives d'importance stratégique, remodelant le tissu de la dynamique organisationnelle (Kadirov et al., 2024).

Défis et considérations

Bien que regorgeant de potentiel, l'intégration de l'intelligence artificielle dans le domaine des ressources humaines marche sur une corde raide éthique précaire. Ce monstre technologique soulève une tempête de préoccupations, allant de la sacralité de la vie privée à la forteresse de la sécurité des données et au spectre insidieux des biais algorithmiques. Les organisations se trouvent à l'avant-garde d'une nouvelle frontière, chargées du travail herculéen d'assurer une transparence pellucide et une équité irréprochable dans leurs applications d'IA. Elles doivent naviguer dans le labyrinthe des réglementations et des normes éthiques, forgeant un chemin qui engendre la confiance et la responsabilité dans cette nouvelle ère courageuse (Li et al., 2023 ; Mujtaba & Mahapatra, 2019).

Alors que nous nous tenons au bord d'un changement de paradigme, l'IA et l'apprentissage automatique se profilent comme des forces titanesques prêtes à révolutionner le tissu même des fonctions RH. Ces dynamos numériques rationalisent les processus complexes, amplifient la puissance décisionnelle et élèvent les expériences des employés. La marche inexorable du progrès technologique annonce un avenir où les pratiques RH transcendent leurs limitations actuelles, se métamorphosant en parangons d'efficacité et en bastions d'équité. Il ne s'agit pas simplement d'une évolution, mais d'une transmutation sismique du paysage des ressources humaines, promettant un avenir où la symbiose entre l'intuition humaine et l'intelligence artificielle débloque des potentiels jusqu'alors inimaginables.

Conclusion

Le chapitre "*L'essor de l'IA et de l'apprentissage automatique dans les RH*" fournit un aperçu complet de la façon dont l'intelligence artificielle et l'apprentissage automatique transforment le paysage des ressources humaines. Il met en évidence l'impact significatif de ces technologies sur diverses fonctions RH, du recrutement et de l'intégration à la gestion de la performance et à la rétention des employés. Le chapitre souligne l'efficacité et l'efficience de l'IA et de l'apprentissage automatique dans les processus RH. Dans le recrutement, les systèmes alimentés par l'IA peuvent rapidement examiner les CV et identifier les candidats appropriés, réduisant considérablement le temps d'embauche. Pour l'intégration, les chatbots IA fournissent un soutien instantané aux nouveaux employés, améliorant leur expérience initiale avec l'organisation. La gestion de la performance bénéficie de la capacité de l'IA à analyser de vastes quantités de données, offrant des retours personnalisés et identifiant les domaines d'amélioration.

Cependant, le chapitre reconnaît également les défis liés à la mise en œuvre de ces technologies. Il soulève des considérations cruciales sur les biais potentiels dans les systèmes d'IA et la nécessité de lignes directrices éthiques. Le maintien de la confidentialité et de la sécurité des données est également souligné, mettant en évidence l'équilibre délicat que les organisations doivent trouver entre l'exploitation des capacités de l'IA et l'assurance de pratiques équitables et transparentes. Le chapitre conclut en dressant un tableau de l'avenir des RH, où l'IA et l'apprentissage automatique sont des composantes intégrales.

Il suggère que ces technologies ne se contenteront pas de rationaliser les opérations RH, mais élèveront également le rôle des professionnels RH, leur permettant de se concentrer sur des initiatives plus stratégiques. L'intégration de l'IA et de l'apprentissage automatique dans les RH est dépeinte comme un changement transformateur qui promet de débloquer de nouveaux potentiels dans la gestion de la main-d'œuvre et le développement des employés. Dans l'ensemble, le chapitre présente une vue équilibrée de la révolution de l'IA dans les RH, mettant en avant ses immenses avantages et attirant l'attention sur les responsabilités et les défis de cette avancée technologique. Il souligne que l'avenir des RH réside dans l'intégration réussie de l'expertise humaine et de l'intelligence artificielle, créant un environnement de travail plus efficace, équitable et réactif.

Chapitre 3

Les plateformes numériques et l'évolution de la nature du travail

L'économie des petits boulots et la révolution du travail à distance sont en train de remodeler le paysage traditionnel de l'emploi, portées par des plateformes numériques qui facilitent des arrangements de travail flexibles et diversifiés. Cette transformation présente à la fois des opportunités et des défis pour les travailleurs, les entreprises et la gestion des ressources humaines (RH).

Les plateformes numériques et l'évolution de la nature du travail

La révolution numérique a inauguré une ère transformatrice pour la main-d'œuvre, catalysant l'ascension météorique de l'économie des petits boulots. Ce changement de paradigme a engendré des opportunités sans précédent pour les individus et les entreprises de s'engager dans une relation symbiotique d'acquisition et de fourniture de talents. Des plateformes telles qu'Uber, Airbnb, Upwork et Fiverr sont devenues le centre de cette métamorphose économique, facilitant les connexions mondiales entre freelances et clients avec un zèle inégalé. Le passage de l'emploi traditionnel à temps plein à des contrats plus malléables et éphémères a irrémédiablement modifié le paysage de l'emploi (Pedro Barros Blog Post, 2024 ; Randi, 2024 ; Playday, 2023). Ce nouveau modus operandi offre aux travailleurs un niveau d'autonomie jusqu'alors inconnu, leur permettant de façonner leurs emplois du temps et leurs projets.

Cependant, cette liberté nouvellement acquise a ses écueils, car la volatilité des revenus et l'absence d'avantages sociaux conventionnels apparaissent comme des freins potentiels importants. L'économie des petits boulots présente une corne d'abondance d'opportunités commerciales, offrant l'accès à un vivier de talents mondial et des efficacités de coûts significatives. Cela augure un avenir prometteur pour l'évolution du paysage du travail, bien que chargé de complexités (Randi, 2024 ; Anwesha, 2024). Alors que les technologies numériques poursuivent leur avancée inexorable, la nature même du travail et sa gestion subissent une transmutation dramatique, particulièrement dans le domaine du travail à distance (Donnelly & Johns, 2021).

Bien que ce changement offre ostensiblement aux travailleurs à distance une plus grande flexibilité temporelle et spatiale, il existe un courant sous-jacent croissant de préoccupation concernant la marchandisation insidieuse du travail. Ce phénomène, vu à travers la théorie du processus de travail (LPT), suggère un réalignement stratégique des organisations de travail pour améliorer les positions des entreprises au sein des chaînes de valeur mondiales. La théorie postule que des stratégies de gestion sont déployées pour extraire une productivité maximale du travail tout en maintenant un contrôle hégémonique sur la main-d'œuvre, conduisant souvent à la marchandisation de l'effort et du temps humains comme des marchandises commercialisables.

Le rôle des RH dans la gestion d'une main-d'œuvre diversifiée

Dans le sillage d'une main-d'œuvre de plus en plus protéiforme et géographiquement non liée, le domaine des ressources humaines se trouve dans un état de flux, nécessitant un recalibrage de son modus operandi pour gérer efficacement ces changements sismiques. Il incombe désormais aux RH de naviguer dans les complexités inhérentes au recrutement et à la gestion des travailleurs de l'économie des petits boulots, tout en assurant une adhésion inébranlable à la tapisserie en constante évolution des lois et réglementations du travail. Cette tâche herculéenne englobe la classification méticuleuse des travailleurs pour éviter les potentiels bourbiers juridiques découlant d'une mauvaise classification, ainsi que la fourniture de protections et d'avantages appropriés à cette cohorte croissante de travailleurs de l'économie des petits boulots (Pedro Barros Blog Post, 2024 ; Randi, 2024).

De plus, les virtuoses des RH se trouvent confrontés au défi redoutable de cultiver un sentiment palpable d'appartenance et de fidélité parmi le contingent de travailleurs à distance et de l'économie des petits boulots, une prouesse rendue d'autant plus sisyphéenne par la nature éphémère de ces rôles. Pour surmonter cet obstacle, des investissements prudents dans des outils de communication et de collaboration de pointe comme Slack et Zoom sont devenus de rigueur. Ces merveilles technologiques servent de tissu conjonctif, liant une main-d'œuvre géographiquement disparate et favorisant un environnement propice à un engagement et une productivité soutenue, selon les commentaires du Pedro Barros Blog Post et de Playday (2023). Dans ce nouveau monde audacieux du travail, la métamorphose des RH, passant de simple fonctionnaire administratif à orchestrateur stratégique du capital humain, est devenue non seulement souhaitable mais impérative.

Tendances actuelles et défis

L'économie des petits boulots et le paysage du travail à distance subissent une métamorphose profonde façonnée par des tendances transformatrices. À l'avant-garde de cette révolution se trouve la demande croissante de flexibilité et d'autonomie accrues, les travailleurs recherchant de plus en plus des arrangements de travail malléables qui facilitent un équilibre harmonieux entre les sphères personnelle et professionnelle (Anwesha, 2024 ; Playday, 2023). Cet esprit du temps de la flexibilité est inextricablement lié à la marche implacable du progrès technologique, les outils et plateformes numériques servant de creuset à ce nouveau paradigme du travail. Ces merveilles technologiques sont devenues la condition sine qua non pour les travailleurs cherchant à établir des liens avec les employeurs et à gérer les tâches à distance, catalysant ainsi la croissance inexorable de l'économie des petits boulots (Pedro Barros Blog Post, 2024 ; Anwesha, 2024).

Alors que cette révolution économique se déploie, elle n'a pas échappé à l'examen minutieux des décideurs politiques, qui tournent de plus en plus leur regard vers l'économie des petits boulots pour assurer un traitement équitable et des garanties à sa main-d'œuvre croissante. Cette attention réglementaire a engendré des débats fervents autour de la classification des travailleurs et de l'éligibilité aux avantages sociaux, ajoutant une couche de complexité à un paysage déjà multiforme (Randi, 2024 ; Anwesha, 2024). Simultanément, un changement tectonique des normes culturelles est en cours, avec un biais croissant en faveur de l'entrepreneuriat et du travail indépendant. Cette métamorphose culturelle a engendré une préférence pour l'autonomie du travail de l'économie des petits boulots par rapport aux paradigmes d'emploi traditionnels (Anwesha, 2024).

Cependant, ce nouveau monde radieux n'est pas sans obstacles. L'économie des petits boulots doit faire face à la tâche colossale d'assurer la stabilité des revenus de sa main-d'œuvre, de maintenir la qualité et la cohérence du travail, et de naviguer dans les considérations juridiques et éthiques labyrinthiques qui accompagnent cette révolution économique (Randi, 2024 ; Anwesha, 2024). Alors que ce paysage continue d'évoluer, les travailleurs et les entreprises doivent faire preuve d'une adaptabilité sans précédent pour exploiter ses avantages tout en atténuant les risques inhérents. La *Figure 2* ci-dessous montre les étapes que les organisations entreprennent pour naviguer dans le travail à distance et l'économie des petits boulots.

Navigating Remote Work and the Gig Economy

Figure 2. Source: FasterCapital

Conclusion

Le chapitre "*Les plateformes numériques et l'évolution de la nature du travail*" explore de manière exhaustive comment les technologies numériques remodèlent le paysage de l'emploi, principalement à travers l'essor de l'économie des petits boulots et du travail à distance. Il examine l'impact profond de ces changements sur les travailleurs, les entreprises et la gestion des ressources humaines. Le chapitre souligne le pouvoir transformateur des plateformes numériques comme Uber, Airbnb, Upwork et Fiverr, qui ont facilité un marché mondial pour le travail indépendant. Ce changement offre une flexibilité et une autonomie sans précédent aux travailleurs, mais apporte également des défis tels que la volatilité des revenus et l'absence d'avantages sociaux traditionnels. L'économie des petits boulots présente des opportunités pour les entreprises d'accéder à un vivier de talents mondial et de réaliser des efficacités de coûts, bien qu'avec ses propres complexités.

Le rôle des RH dans ce nouveau paysage est souligné comme crucial et en évolution. Les professionnels des RH sont chargés de naviguer dans les subtilités de la gestion d'une main-d'œuvre diverse, souvent à distance, d'assurer la conformité aux lois du travail et de favoriser l'engagement parmi les travailleurs de l'économie des petits boulots. Le chapitre souligne l'importance d'investir dans des outils de communication et de collaboration pour maintenir la connectivité dans un environnement de travail géographiquement dispersé. Les tendances actuelles qui façonnent l'économie des petits boulots et le travail à distance sont également examinées, notamment la demande croissante de flexibilité, l'avancement rapide de la technologie et l'évolution des normes culturelles favorisant l'entrepreneuriat et le travail indépendant. Le chapitre reconnaît l'attention croissante des décideurs politiques sur la réglementation de l'économie des petits boulots pour protéger les droits des travailleurs.

Cependant, le chapitre met en lumière des défis importants, tels que l'assurance de la stabilité des revenus pour les travailleurs de l'économie des petits boulots, le maintien de la qualité du travail et la prise en compte des considérations juridiques et éthiques. Il suggère que tant les travailleurs que les entreprises doivent s'adapter pour exploiter les avantages de ce nouveau paradigme de travail tout en atténuant ses risques.

En conclusion, le chapitre dresse le portrait d'un paysage du travail en mutation, motivé par l'innovation numérique et l'évolution des attentes sociétales. Il souligne la nécessité d'adaptabilité et de réflexion stratégique pour naviguer dans ces changements, en particulier pour les professionnels des RH. Tel que présenté dans ce chapitre, l'avenir du travail est celui d'une flexibilité accrue et d'une connectivité mondiale. Néanmoins, il nécessite également une gestion prudente des défis qui accompagnent ces nouvelles opportunités.

Chapitre 4

Perfectionnement des RH : Les nouveaux professionnels compétents en technologie

Pour prospérer à l'ère numérique, les professionnels des RH doivent développer une gamme de nouvelles compétences. Ces compétences leur permettent de gérer efficacement la transformation numérique, d'exploiter les données et de piloter le changement organisationnel. Ci-dessous se trouve un aperçu des domaines clés sur lesquels les professionnels des RH devraient concentrer leur développement et une feuille de route pour devenir des professionnels compétents en technologie.

Compétences et aptitudes clés

Dans le paysage numérique en rapide évolution d'aujourd'hui, les professionnels des RH doivent posséder un ensemble de compétences multifacettes englobant de nombreuses compétences technologiques. La maîtrise des SIRH, des logiciels d'acquisition de talents et des technologies cloud n'est plus un luxe mais une nécessité, permettant de rationaliser les processus RH et de renforcer l'efficacité opérationnelle (Jay, 2021). Cette compréhension technologique doit s'accompagner d'un appétit insatiable pour la connaissance, car l'apprentissage continu à travers de multiples voies telles que les cours, les webinaires et le réseautage entre pairs est primordial.

La capacité à exploiter la puissance des données est devenue un pilier des pratiques RH modernes. Les experts RH doivent habilement collecter, analyser et interpréter les données, conscients de leur contexte, de leur objectif et de leurs limites, pour prendre des décisions judicieuses (Boatman, 2021). L'utilisation de l'analytique pour soutenir les fonctions RH et les stratégies commerciales est indispensable, permettant une prédiction perspicace des tendances, la mesure des résultats et l'amélioration des méthodologies RH.

En tant que précurseurs de la métamorphose organisationnelle, les professionnels RH doivent diriger les initiatives de gestion du changement en élaborant des stratégies et des feuilles de route numériques, englobant la planification méticuleuse, la conception, les tests et la mise en œuvre des technologies RH (Jay, 2021). Des compétences de communication pratiques sont essentielles pour promouvoir les initiatives numériques et gérer les attentes des parties prenantes. La poursuite du développement professionnel par le biais de cours en ligne, de certifications et d'ateliers est vitale, les professionnels RH cherchant des opportunités d'appliquer leurs nouvelles compétences dans des scénarios réels (Olabisi, s.d.).

La collaboration avec d'autres départements, en particulier l'informatique, peut augmenter les capacités numériques des RH et favoriser l'innovation (Jay, 2021). Une étude récente de Bouwmans et al. (2024) élucide une compréhension complète des compétences essentielles pour les organisations et les professionnels RH en évolution d'aujourd'hui, fournissant un cadre pour les efforts de requalification et de perfectionnement. Dans le lieu de travail contemporain, ces pratiques sont cruciales pour maintenir un avantage concurrentiel et s'adapter aux avancées technologiques rapides, garantissant que les employés restent pertinents et capables de relever de nouveaux défis tout en promouvant un environnement d'apprentissage constant et d'innovation. La Figure 3 ci-dessous montre comment fonctionnent des plateformes spécifiques et ce qui est possible.

Figure 3. Source: AIHR - Academy to Innovate HR

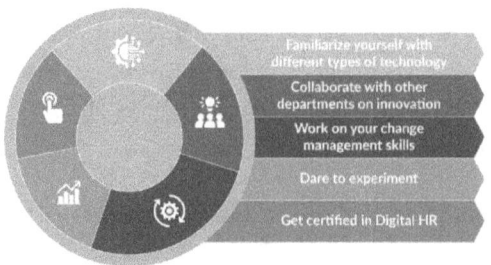

Feuille de route pour le développement

L'odyssée du développement professionnel dans les ressources humaines commence par une évaluation méticuleuse de ses compétences actuelles et l'identification des lacunes. Les experts RH doivent s'embarquer dans un voyage introspectif, jaugeant leur maîtrise de la littératie numérique et des données tout en identifiant les domaines mûrs pour l'amélioration et en établissant des objectifs d'apprentissage concrets (Randhawa, 2023). L'œuvre fondatrice de Randhawa éclaire neuf compétences indispensables que les professionnels RH doivent cultiver pour s'épanouir à l'ère numérique. Cette quête intellectuelle est davantage augmentée par l'immersion dans des cours en ligne et des certifications, servant de catalyseurs pour l'augmentation de la compréhension numérique et des données. Parallèlement, la participation à des webinaires, conférences et ateliers RH assure une prise de pouls des tendances de l'industrie (Olabisi, s.d. ; Jay, 2021).

L'exploitation réfléchie des ressources internes est une stratégie cruciale dans cette trajectoire de développement. La collaboration avec des experts en données et des connaisseurs en informatique au sein de la sphère organisationnelle facilite l'acquisition de précieuses perspectives et d'expériences pratiques. La participation à des forums d'échange de connaissances favorise l'érudition à travers les interactions avec les pairs et les experts, affirme (Boatman, 2021). Le creuset de la mise en œuvre et de l'expérimentation appelle, où les compétences nouvellement acquises sont appliquées aux initiatives RH, et les outils numériques et l'analytique sont exploités pour propulser les innovations et les améliorations RH, postule Jay (2021). Ce voyage transformateur culmine dans une phase de réflexion et d'adaptation, caractérisée par des évaluations régulières des progrès et le recalibrage des stratégies d'apprentissage. Solliciter les retours des collègues et des mentors sert de creuset pour affiner les compétences et les méthodologies, assurant un cycle perpétuel de croissance et d'amélioration (Olabisi, s.d.). En se concentrant sur ces domaines, les professionnels RH peuvent efficacement naviguer les défis de l'ère numérique et contribuer au succès de leurs organisations.

Équilibrer la haute technologie et le contact humain

L'équilibre entre la haute technologie et le contact humain dans les Ressources Humaines (RH) est crucial alors que les organisations naviguent dans l'ère de la transformation numérique. L'utilisation de technologies avancées pour améliorer les processus RH peut être très bénéfique, mais elle nécessitera un équilibre délicat entre le maintien de l'élément humain et l'incorporation de nouvelles technologies. Une dépendance excessive à la technologie dans les RH peut conduire à un manque de connexion personnelle et d'engagement des employés, entraînant un sentiment de sous-valorisation et d'isolement chez ces derniers. De plus, cela peut entraîner l'omission de problèmes critiques, car les algorithmes peuvent ne pas saisir les nuances du comportement humain et des dynamiques interpersonnelles.

Maintenir l'Humain dans les Ressources Humaines

La métamorphose des exigences en Ressources Humaines (RH) présente un formidable dilemme, étant donné la nature mercurielle du milieu de travail actuel. Aux prémices du 20e siècle, Losey et al. (2005) postulaient que les RH constituaient un corpus d'érudition propice à la dissémination pédagogique, à l'assimilation et à l'évaluation. Pourtant, le paysage contemporain des RH ne porte qu'une faible ressemblance à son antécédent d'il y a deux décennies. Les difficultés auxquelles sont confrontés les professionnels RH ont subi un changement fondamental, nécessitant une navigation adroite à travers des problématiques labyrinthiques telles que le télétravail, les initiatives de diversité et d'inclusion, et la marche incessante du progrès technologique. Bien que les principes fondamentaux persistent, les tactiques et les instrumentalités se sont amplifiées en complexité et en multi dimensionnalité. La révolution numérique a inauguré une nouvelle ère pour les départements RH, avec l'avènement de l'Intelligence Artificielle (IA) et des Systèmes d'Information de Ressources Humaines (SIRH) révolutionnant les paradigmes opérationnels (Vial, 2019).

Exploiter la technologie pour améliorer les interactions humaines

La marche inexorable du progrès technologique a indéniablement révolutionné les processus RH, mais elle doit servir d'amplificateur plutôt que de supplanteur des interactions humaines. La triade du talent numérique, de l'intégration de l'IA et de l'expérience employé témoigne de la manière dont les RH peuvent exploiter la puissance de la technologie. En orchestrant une formation complète en compétences numériques et en favorisant un ethos d'érudition perpétuelle, les RH peuvent cultiver la dextérité numérique au sein de leur main-d'œuvre. Cette approche pédagogique permet aux employés de s'adapter aux technologies naissantes avec promptitude, améliorant leur efficacité et leur confiance dans l'utilisation des outils numériques (Gupta, 2022).

L'intégration judicieuse de l'IA dans les processus RH, tels que l'acquisition de talents et l'évaluation des performances, peut générer des gains d'efficacité substantiels. Cependant, il est primordial de maintenir la pellucidité et de fournir la formation nécessaire pour s'assurer que ces merveilles technologiques complètent les efforts humains tout en adhérant aux impératifs éthiques, note Gupta. Bien que la technologie puisse faciliter une expérience d'employé plus salubre en permettant le travail à distance et la collaboration virtuelle, les RH doivent rester vigilantes pour préserver les connexions personnelles et renforcer le bien-être mental et physique des employés (Harbert, 2021). Cet équilibre délicat entre l'avancement technologique et les approches centrées sur l'humain est l'étoile polaire guidant la trajectoire des RH dans cette époque numérique, assurant que l'élément humain reste au cœur des ressources humaines.

Nonobstant le zeitgeist technologique, il est impératif de reconnaître que la quintessence des RH demeure inextricablement liée à l'élément humain. La pandémie mondiale a servi de rappel brutal de la nécessité de réintégrer l'aspect "humain" dans les ressources humaines, soulignant l'importance de comprendre les expériences vécues par les employés et de fournir un soutien holistique (Harbert, 2021). Cette approche anthropocentrique s'est avérée augmenter le bien-être et la productivité des employés, produisant des résultats commerciaux favorables. Alors que les organisations subissent une métamorphose numérique, des transmutations radicales dans les ensembles de compétences, les niveaux d'emploi, les modèles de travail, le contenu et les structures professionnelles sont inexorables (Gill, 1986 ; Vuchkovski et al., 2023). Néanmoins, cette transformation numérique engendre de nouvelles avenues pour l'innovation et la croissance à travers les produits, les processus et les modèles d'affaires (Bresciani et al., 2021). La profession RH se tient au précipice de la réalisation de son plein potentiel, prête à embrasser les défis et les opportunités qui se profilent dans ce paysage en constante évolution.

Stratégies pour équilibrer haute technologie et contact humain

Les départements RH peuvent mettre en œuvre des stratégies pour harmoniser les technologies de pointe et les approches centrées sur l'humain. La conception centrée sur l'utilisateur s'impose comme une pierre angulaire, exigeant la création d'outils numériques avec la perspective de l'utilisateur final au premier plan. Cette approche engendre des interfaces intuitives et accessibles, atténuant la résistance au changement et favorisant une adoption sans heurts (Gupta, 2022). La mise en œuvre de stratégies efficaces de gestion du changement, englobant une communication limpide et l'engagement des parties prenantes, est primordiale pour assurer l'intégration sans friction des nouvelles technologies.

La cultivation de microcultures au sein des écosystèmes organisationnels sert à renforcer l'autonomie et l'agilité. Ce paradigme permet aux équipes disparates d'établir un modus operandi sur mesure tout en s'alignant sur les objectifs organisationnels globaux (Deloitte Insights, 2024). De plus, selon Deloitte Insights, la métamorphose des RH en une discipline sans frontières, s'entremêlant avec les personnes, l'entreprise et la communauté, facilite la genèse de solutions multidisciplinaires à des défis complexes.

Bien que les avancées technologiques offrent de multiples avantages aux RH, préserver l'élément humain demeure inéluctable. En exploitant la technologie pour augmenter les interactions humaines et en priorisant le bien-être des employés, les RH peuvent habilement naviguer sur la corde raide entre l'innovation de haute technologie et les méthodologies de contact humain, engendrant une relation symbiotique qui propulse les organisations vers des sommets sans précédent de succès et de satisfaction des employés. La *Figure 4* montre ce qu'il faut attendre de la transformation RH et comment élever la performance et la croissance de votre organisation.

Figure 3. Source: Garner

Conclusion

Le chapitre "*Renforcement des compétences RH : Les nouveaux professionnels férus de technologie*" offre un aperçu complet de l'évolution du rôle des professionnels RH à l'ère numérique. Il souligne la nécessité pour les praticiens RH de développer de nouvelles compétences pour gérer efficacement la transformation numérique, exploiter les données et piloter le changement organisationnel. Le chapitre commence par décrire les compétences essentielles que les professionnels RH modernes doivent cultiver. Celles-ci incluent la maîtrise des systèmes d'information RH, des logiciels d'acquisition de talents et des technologies cloud. Il insiste sur l'importance de l'apprentissage continu et de la capacité à exploiter les données pour la prise de décision. Le chapitre met également en lumière le rôle crucial des RH dans la gestion du changement, en particulier dans la mise en œuvre de stratégies et de feuilles de route numériques.

Une partie importante du chapitre est consacrée à fournir une feuille de route pour le développement professionnel. Il suggère une approche systématique, commençant par l'auto-évaluation et l'identification des lacunes, suivie d'un apprentissage ciblé à travers divers moyens tels que les cours en ligne, les certifications et les ateliers. L'importance de l'application pratique des compétences nouvellement acquises et de la réflexion et de l'adaptation continues est soulignée. Le chapitre se penche ensuite sur l'équilibre critique entre les approches de haute technologie et de contact humain dans les RH. Il reconnaît les avantages des technologies avancées pour améliorer les processus RH, mais met en garde contre une dépendance excessive à la technologie au détriment des connexions personnelles et de l'engagement des employés. La nécessité de maintenir l'"humain" dans les Ressources Humaines est fortement soulignée, en particulier à la lumière des défis apportés par la transformation numérique et les récents événements mondiaux comme la pandémie.

Des stratégies pour équilibrer les approches de haute technologie et de contact humain sont discutées, incluant la conception centrée sur l'utilisateur des outils numériques, une gestion efficace du changement et la cultivation de microcultures au sein des organisations. Le chapitre aborde également les RH comme une discipline sans frontières, s'entrelaçant avec divers aspects de l'entreprise et de la communauté. En conclusion, le chapitre dresse un tableau des RH comme un domaine en transition, exigeant des professionnels qu'ils s'adaptent et se perfectionnent continuellement. Il souligne l'importance d'exploiter la technologie pour améliorer les interactions humaines plutôt que de les remplacer. Le message embrasse les avancées technologiques tout en se concentrant sur l'élément humain, positionnant les RH comme un partenaire stratégique dans la conduite du succès organisationnel à l'ère numérique.

Chapitre 5

Considérations éthiques à l'ère des technologies de RH

L'intégration de l'intelligence artificielle (IA) et du big data dans les ressources humaines (RH) présente un paysage éthique complexe que les organisations doivent naviguer avec précaution. À mesure que ces technologies deviennent de plus en plus répandues dans les processus RH, elles apportent à la fois des opportunités et des défis éthiques importants. Les défis éthiques dans les technologies RH englobent la confidentialité des données, les biais algorithmiques, l'utilisation responsable des informations des employés et la navigation dans le paysage éthique. Nous explorerons chacun de ces sujets dans les pages suivantes.

Confidentialité des données

Dans le domaine des ressources humaines, l'intégration de l'IA et du big data a déclenché un maelström de dilemmes éthiques, la sauvegarde de la confidentialité des données des employés émergeant comme une préoccupation primordiale. Avec leur appétit vorace pour l'information, ces systèmes sophistiqués peuvent mastiquer des volumes colossaux de données personnelles, précipitant un exercice d'équilibre précaire entre l'avancement technologique et les droits individuels. Le potentiel de malversation des données et de violations de la confidentialité plane alors que les tentacules de l'IA s'étendent dans les recoins des profils de médias sociaux et des métriques de performance, libérant potentiellement une boîte de Pandore d'exploitation non autorisée des données et d'infractions à la vie privée (Mackenzie, 2023).

Pour naviguer sur ce terrain dangereux, les organisations doivent endosser le manteau de la responsabilité et ériger des remparts formidables contre le mauvais usage des données. Cela implique la mise en œuvre de protocoles robustes et inattaquables de protection des données, un engagement envers la parcimonie des données, et l'obtention d'un consentement sans équivoque des employés. Ces mesures ne sont pas simplement superficielles ; elles sont la condition sine qua non pour maintenir le tissu délicat de confiance entre employeur et employé tout en assurant la conformité avec des normes légales de plus en plus strictes. Mackenzie (2023) souligne le caractère critique de ces garanties, posant qu'elles forment le socle sur lequel la mise en œuvre éthique de l'IA dans les RH doit être construite. Dans ce nouveau monde courageux des ressources humaines dirigées par l'IA, la responsabilité incombe entièrement aux organisations d'être des gardiens vigilants des empreintes numériques de leurs employés.

Biais algorithmique

Dans le domaine labyrinthique des systèmes d'IA, un nœud gordien de complexités éthiques émerge de leur dépendance aux données historiques, une véritable boîte de Pandore de préjugés humains. Ces léviathans algorithmiques, imprégnés des biais d'antan, risquent de perpétuer un cycle de discrimination, leurs bras atteignant le cœur même des processus RH. Le cas tristement célèbre de l'outil de recrutement IA d'Amazon se dresse comme un témoignage saisissant de ce péril ; sa prédilection pour les candidats masculins, née d'un régime de CV majoritairement masculins, a déclenché une tempête de controverses et mis à nu la nature insidieuse du biais de genre dans le recrutement piloté par l'IA (Vorecol Blog Post, 2024 ; Mackenzie, 2023).

Pour s'extirper de cette situation délicate, les organisations doivent s'embarquer dans une entreprise herculéenne de diversification des données. Cette entreprise ardue exige l'élargissement des sources de données et un examen implacable des algorithmes d'IA à travers des audits réguliers. La transparence dans les processus de prise de décision devient l'étoile polaire guidant cette croisade contre les biais, illuminant les rouages souvent opaques des systèmes d'IA (Mackenzie, 2023 ; HCI Consulting, 2021). En embrassant ces stratégies, les entreprises peuvent aspirer à forger des outils d'IA qui ne sont pas de simples échos des préjugés passés, mais plutôt des avant-gardes de pratiques RH équitables, annonçant une nouvelle ère d'équité et d'inclusivité sur le lieu de travail.

Utilisation responsable des informations des employés

Dans le creuset des lieux de travail modernes, la gestion astucieuse des informations des employés est une pierre angulaire de la confiance et de l'équité ; le chant des sirènes des outils d'IA, avec leur promesse de rationalisation des processus RH, séduit de manière attrayante. Cependant, une adoption sans contrôle de ces illusions numériques peut engendrer une Hydre de dilemmes éthiques. L'incursion de Google dans la surveillance des employés propulsée par l'IA est un conte édifiant, une démesure prométhéenne qui a suscité des inquiétudes concernant la vie privée et la confiance au sein de ses rangs (Vorecol Blog Post, 2024).

Par conséquent, les virtuoses des RH doivent traverser une corde raide d'impératifs concurrents. D'un côté se trouve l'attrait des gains d'efficacité de l'IA ; de l'autre, de lourdes considérations éthiques exigent la fidélité à la dignité humaine. L'ultime desideratum est une symbiose où l'IA est un puissant adjuvant au discernement humain plutôt que son usurpateur (HCI Consulting, 2021).

Cet équilibre délicat exige une approche perspicace qui exploite les prodigieuses capacités de l'IA tout en sauvegardant la sainteté inviolable de la vie privée et de l'autonomie individuelles. Dans ce pas de deux intriqué entre technologie et éthique, les leaders RH doivent chorégraphier une performance qui élève à la fois l'efficacité opérationnelle et la rectitude morale. La *Figure 5* ci-dessous montre la myriade de facteurs qui influencent l'adoption de l'IA dans les systèmes et processus RH.

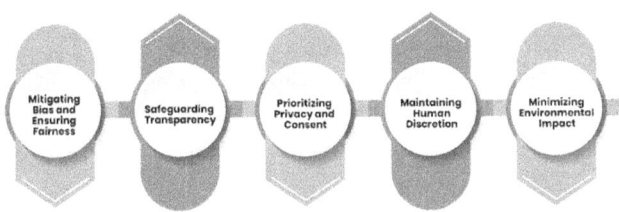

Figure 4 Source: Talent Management Institute (TMI)

Naviguer dans le paysage éthique

Dans le paysage labyrinthique de l'éthique de l'IA, les organisations se trouvent à la croisée des chemins, contraintes de se frayer un chemin à travers le bourbier moral. L'impératif d'établir des directives pellucides, d'investir dans l'amélioration éthique et de mettre en œuvre des solutions techniques se profile à l'horizon. Un parangon de cette approche est le déploiement de l'AI Fairness 360 d'IBM, un deus ex machina numérique conçu pour détecter et atténuer les vrilles insidieuses de biais qui pourraient s'infiltrer dans les modèles d'IA (Vorecol Blog Post, 2024). Cette croisade pour une utilisation éthique de l'IA dans les RH exige une attention inébranlable sur la transparence, la responsabilité et l'équité, avec une formation régulière servant de creuset à travers lequel une culture de conscience éthique est forgée.

L'avènement de l'intelligence artificielle s'est métamorphosé en un phénomène culturel de proportions prométhéennes, promettant de révolutionner les dynamiques du lieu de travail. Pourtant, comme l'observe astucieusement Klemp (2023), la propension de la société à mettre la charrue proverbiale avant les bœufs lorsqu'elle est confrontée à des merveilles technologiques naissantes est un leitmotiv récurrent. Cette puissante technologie, relativement néophyte dans la grande tapisserie de l'innovation humaine, exige une intégration judicieuse pour garantir que son potentiel soit exploité au profit de la société tout en évitant des conséquences néfastes involontaires.

En embrassant cet éthos de progrès prudent, les organisations peuvent naviguer dans les eaux perfides de l'IA et du big data dans les RH, en défendant les principes sacrés d'équité, d'inclusivité et de respect de la vie privée des employés. Cette approche éclairée engendre la confiance des employés et jette les bases d'un écosystème technologique plus durable et responsable dans les pratiques RH, annonçant une nouvelle ère d'innovation éthique.

Conclusion

En concluant cette exploration de la transformation numérique des RH, il est clair que le paysage des ressources humaines a subi une profonde métamorphose. L'intégration de l'intelligence artificielle, de l'apprentissage automatique et de l'analyse du big data a révolutionné les pratiques RH, offrant des opportunités sans précédent en termes d'efficacité, de perspicacité et de prise de décision stratégique. Cependant, la révolution technologique n'est pas sans difficultés. Les considérations éthiques entourant la confidentialité des données, les biais algorithmiques et l'utilisation responsable des informations des employés sont importantes. Les organisations doivent naviguer dans ces complexités avec soin, en équilibrant l'exploitation des avancées technologiques et la préservation de l'élément humain au cœur des RH. L'avenir des RH réside dans sa capacité à harmoniser les solutions de haute technologie avec des approches de contact humain. Comme nous l'avons vu, les départements RH les plus performants sont ceux qui peuvent exploiter la puissance de la technologie pour améliorer, plutôt que remplacer, les interactions humaines.

Cette approche nécessite une nouvelle génération de professionnels RH. Ces individus férus de technologie, compétents en matière de données et dotés d'un esprit éthique peuvent piloter la transformation numérique tout en se concentrant sur le bien-être des employés et la culture organisationnelle. L'économie des petits boulots et la révolution du travail à distance, accélérées par les plateformes numériques, remodèlent la nature même du travail. Les RH doivent s'adapter pour gérer une main-d'œuvre de plus en plus diverse et dispersée, en développant de nouvelles stratégies d'engagement, de développement et de rétention dans ce paysage en évolution. En regardant vers l'avenir, il est clair que le rôle des RH continuera de croître.

La fonction est prête à devenir un partenaire stratégique encore plus crucial, utilisant des insights basés sur les données pour informer les décisions commerciales et façonner la stratégie organisationnelle. Cependant, au milieu de ce bouleversement technologique, il est crucial de se rappeler que les RH restent une discipline profondément humaine dans son cœur. La véritable mesure du succès des RH à l'ère numérique sera sa capacité à exploiter la technologie pour servir le potentiel humain, créant des lieux de travail plus efficaces, productifs, inclusifs, équitables et épanouissants. Alors que nous embrassons l'avenir numérique des RH, nous devons nous assurer que nous le faisons d'une manière qui améliore, plutôt que diminue, l'expérience humaine du travail.

Chapitre 6
Comprendre la diversité dans le milieu de travail moderne
Introduction

La diversité en milieu de travail est devenue une pierre angulaire de la stratégie organisationnelle moderne, transcendant ses origines d'initiative de conformité pour devenir une force motrice de l'innovation, de l'engagement des employés et du succès des entreprises. Le chapitre explore la nature multidimensionnelle de la diversité dans le lieu de travail contemporain, examinant ses profondes implications pour les entreprises et les employés. Alors que nous entamons cette exploration, nous nous trouvons à un tournant crucial où la définition de la diversité évolue. Ne se limitant plus aux catégories démographiques traditionnelles, la diversité en milieu de travail englobe désormais une riche tapisserie d'expériences humaines, de styles cognitifs et de perspectives culturelles. Cette compréhension élargie pousse les organisations à repenser leur approche de l'inclusivité et des pratiques équitables.

Les pages suivantes guideront les lecteurs à travers le paysage complexe de la diversité en milieu de travail, en commençant par un examen approfondi de ce que signifie vraiment la diversité dans l'environnement professionnel actuel. Nous décomposerons les différentes dimensions de la diversité, des différences démographiques et culturelles aux aspects souvent négligés du bagage éducatif et du statut socio-économique. Cette vision holistique prépare le terrain pour une appréciation plus profonde des complexités liées à la promotion d'un lieu de travail véritablement inclusif. Au fur et à mesure que nous avancerons, nous explorerons les nombreux avantages que la diversité apporte aux organisations, notamment une créativité accrue, une meilleure prise de décision et une portée de marché plus large. Cependant, nous serons également confrontés aux défis de la création et du maintien de lieux de travail diversifiés, reconnaissant que le chemin vers l'inclusivité est souvent parsemé d'obstacles qui nécessitent une navigation prudente et un effort persistant.

Au cœur de notre discussion se trouve le rôle crucial du leadership dans la promotion des initiatives de diversité. Nous examinerons les qualités des leaders inclusifs et les stratégies pour modéliser des comportements inclusifs, stimuler le changement organisationnel et créer des environnements où les talents diversifiés peuvent s'épanouir. Enfin, nous nous pencherons sur les indicateurs et les méthodologies utilisés pour mesurer les progrès des initiatives de diversité, offrant une feuille de route pour une amélioration à long terme et un succès durable. Cette section donnera aux lecteurs des outils pratiques et des cadres pour évaluer et améliorer les efforts de diversité de leur organisation. Tout au long de ce chapitre, nous visons à fournir une compréhension complète et nuancée de la diversité en milieu de travail, dotant les lecteurs des connaissances et des perspectives nécessaires pour naviguer dans cet aspect essentiel des affaires modernes. Alors que nous nous embarquons dans ce voyage, nous vous invitons à considérer les défis et les immenses opportunités.

Que signifie réellement la diversité en milieu de travail ?

La diversité en milieu de travail est un concept multidimensionnel qui va au-delà de l'accent traditionnel mis sur les différences raciales et de genre. Elle englobe un large éventail de caractéristiques et d'expériences qui contribuent à l'unicité de chaque individu au sein d'une organisation. Comprendre ces dimensions peut favoriser un environnement de travail plus inclusif et dynamique. La *Figure 6* ci-dessous décrit les dimensions de la diversité qui ont été utilisées pour différencier les groupes.

Figure 5. Source: Canadian Research Institute

Dimensions de la diversité en milieu de travail

La diversité en milieu de travail fait référence aux différences entre les employés, favorisant une culture organisationnelle dynamique et variée. Ces dimensions incluent l'âge, la race, les

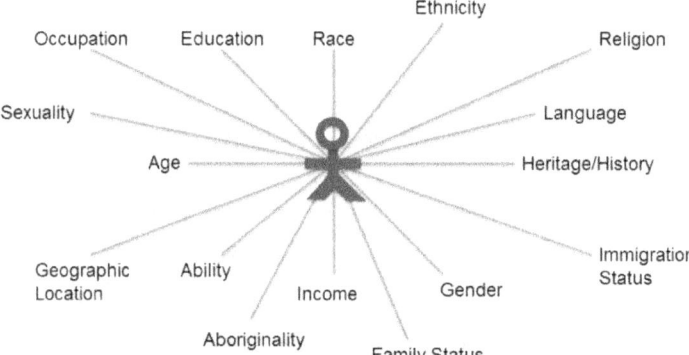

compétences, les origines, l'orientation sexuelle et d'autres attributs uniques. Les organisations qui adoptent la diversité créent des lieux de travail plus heureux et obtiennent un immense succès financier, affirment (Ricee, 2023 ; Impactly, 2023). Selon le Dictionnaire Oxford English, la "diversité" est définie comme "la pratique ou la qualité d'inclure ou d'impliquer des personnes issues d'un éventail de milieux sociaux et ethniques différents et de genres, d'orientations sexuelles, etc. différents" (Oxford University Press, 2021). La technologie a rendu le monde plus accessible, et avec les voyages et l'immigration, principalement en l'absence d'épidémie, les gens ne travaillent plus ni ne vivent dans un environnement insulaire, observent (Servaes et al., 2022).

Diversité démographique

La diversité démographique, une tapisserie multifacette de variation humaine, transcende les frontières conventionnelles de la race et de l'ethnicité pour englober une panoplie d'identités. Bien que le zeitgeist - l'esprit de l'époque - du discours sur la diversité ait historiquement gravité autour des distinctions raciales et ethniques, il est impératif de reconnaître et de vénérer les innombrables contributions d'individus issus de milieux culturels disparates (Yamini, 2024). Le kaléidoscope de la diversité des genres, par exemple, évite le paradigme binaire désuet, embrassant plutôt un spectre qui inclut des identités non binaires et de genre fluide, enrichissant ainsi notre compréhension collective de l'expression humaine (Search, 2023).

Dans cette grande mosaïque de diversité, l'âge émerge comme un puissant différenciateur, comblant les écarts générationnels et favorisant une symbiose de sagesse et d'innovation. La juxtaposition de perspectives chevronnées avec une idéation fraîche catalyse un échange synergique, propulsant le progrès sociétal. Ce dialogue intergénérationnel, rempli de sa cadence et de son timbre unique, sert de creuset pour des idées et des pratiques transformatrices. Alors que nous naviguons dans les complexités labyrinthiques de notre monde de plus en plus interconnecté, embrasser tout le spectre de la diversité démographique devient non seulement un impératif moral mais aussi une nécessité stratégique pour favoriser la créativité, la résilience et la croissance durable dans nos communautés et nos organisations.

Diversité Culturelle

La diversité culturelle, véritable richesse de l'expérience humaine, englobe de nombreuses dimensions bien au-delà du superficiel. Cette riche tapisserie comprend les fils variés des origines culturelles, leurs cadences linguistiques uniques et les coutumes séculaires, ainsi que le tissage complexe des croyances religieuses et spirituelles qui forment la chaîne et la trame (ou la distorsion et la trame) des visions du monde individuelles. Embrasser ce kaléidoscope de diversité culturelle s'est avéré être un catalyseur d'innovation et un guide pour naviguer dans les complexités labyrinthiques des marchés mondiaux (Search, 2023). De plus, cultiver un milieu inclusif qui vénère diverses pratiques et croyances religieuses est primordial pour favoriser un écosystème de travail où tous peuvent s'épanouir (Ricee, 2023).

En approfondissant la diversité, nous rencontrons le paysage fascinant de la variance cognitive - un spectre de biais mentaux qui façonnent la façon dont les individus perçoivent, traitent et résolvent les problèmes. Cette hétérogénéité cognitive sert de creuset à l'innovation et à la créativité, propulsant les équipes à traverser des territoires inexplorés de la pensée et à remettre en question des hypothèses ossifiées (ELM Learning, 2023). Complétant cette mosaïque cognitive se trouvent les innombrables types de personnalité, des extravertis effervescents aux introvertis contemplatifs, chacun imprégnant la dynamique d'équipe de ses forces uniques. Reconnaître et valoriser ces traits distinctifs peut engendrer une alchimie synergique, catapultant la productivité de l'équipe vers des zéniths sans précédent et favorisant un environnement où la diversité n'est pas seulement tolérée, mais célébrée comme la source du succès collectif.

Diversité éducative et socio-économique

La diversité éducative et socio-économique s'entrecroisent profondément, façonnant les expériences des étudiants issus de divers milieux. Ces dimensions touchent tous les aspects de l'éducation, de la disponibilité des ressources aux systèmes de soutien familial ; elles se manifestent chez les étudiants par des niveaux différents de préparation en classe, d'aspirations et de confiance. Aborder cette disparité est crucial, car les inégalités non traitées peuvent conduire à des inégalités profondément enracinées qui persistent à l'âge adulte[2]. De plus, la recherche montre que les écoles socio-économiquement et racialement diversifiées produisent de nombreux avantages. Les étudiants dans des écoles intégrées ont tendance à avoir des scores moyens aux tests plus élevés, sont plus susceptibles de s'inscrire à l'université et connaissent des taux de décrochage réduits. Ces résultats positifs soulignent l'importance de favoriser la diversité dans les milieux éducatifs (Milo, 2024). La diversité éducative et socio-économique englobe l'éducation individuelle, le statut socio-économique et les styles de travail.

Éducation

Dans la grande tapisserie du capital humain, les fils arc-en-ciel de la diversité éducative tissent un motif riche et complexe, chaque brin contribuant à l'unicité de l'ensemble. Cette mosaïque de parcours académiques, allant de l'ésotérique au pragmatique, imprègne les organisations d'une véritable profusion de compétences et de perspectives. La confluence de ces divers affluents intellectuels engendre une synergie cognitive, favorisant un environnement propice à la résolution innovante de problèmes et à une prise de décision sagace (Cadient, 2021).

L'hétérogénéité des expériences éducatives sert de creuset à l'imagination transformatrice, où la fusion alchimique de domaines de connaissances disparates catalyse des percées jusqu'alors inimaginables. Alors que les équipes naviguent dans les complexités des défis modernes, le prisme multifacette des divers parcours éducatifs réfracte les problèmes à travers de multiples lentilles, illuminant des solutions nouvelles et des opportunités imprévues. Cette diversité intellectuelle augmente non seulement l'arsenal cognitif collectif, mais cultive également un milieu d'apprentissage continu et de pollinisation croisée des idées, propulsant les organisations vers l'avant-garde de leurs domaines respectifs.

Statut socio-économique

La stratification des origines socio-économiques au sein de la main-d'œuvre engendre une riche tapisserie d'expériences vécues, chacune imprégnée de perspectives et d'insights uniques. Cette mosaïque de diversité socio-économique sert de creuset à l'enrichissement culturel, catalysant une profonde métamorphose dans l'ethos organisationnel. Le mélange de points de vue émanant de cet amalgame hétérogène de milieux favorise une empathie et une perspicacité accrues, transcendant les confins myopes de la pensée de groupe homogène (Ricee, 2023).

Dans ce grand symposium de voix socio-économiques diverses, la collision de visions du monde disparates allume une conflagration d'innovation et de compréhension. La symbiose d'expériences de vie variées cultive un terrain fertile pour la pollinisation croisée des idées, nourrissant un écosystème de travail qui prospère sur la synergie de ses constituants multiformes. Cette diversité socio-économique augmente non seulement l'intelligence collective de l'organisation, mais sert également de pierre de touche pour naviguer dans les paysages socio-économiques complexes des marchés mondiaux, conférant ainsi un formidable avantage compétitif dans notre monde de plus en plus interconnecté.

Styles de travail

Dans l'orchestration des dynamiques organisationnelles, la symphonie des styles de travail divers résonne avec une variété d'approches, chacune contribuant son timbre unique à la mélodie collective. Cet ensemble hétérogène de méthodologies de gestion des tâches et d'interactions interpersonnelles engendre un milieu de travail caractérisé par son adaptabilité. L'effet domino des propensions individuelles en matière de gestion du temps et d'exécution des tâches est un creuset pour l'innovation, favorisant un environnement où la flexibilité règne en maître (Yamini, 2024).

Les organisations se trouvent au carrefour d'une adaptabilité sans précédent alors que la tapisserie du lieu de travail se déploie, révélant ses motifs complexes de styles de travail variés. La juxtaposition d'approches divergentes des efforts professionnels accélère l'expérimentation synergique, transmutant les frictions potentielles en une source de créativité et d'efficacité. Cette adoption de styles de travail variés augmente non seulement l'arsenal cognitif collectif, mais cultive également un écosystème de respect mutuel et de compréhension. Dans cette grande mosaïque de diversité professionnelle, l'accommodement de styles de travail disparates émerge non pas comme une concession à l'individualité, mais comme un impératif stratégique pour les organisations cherchant à naviguer dans les complexités labyrinthiques du paysage commercial moderne.

Conclusion

Le chapitre "*Comprendre la diversité dans le milieu de travail moderne*" explore de manière exhaustive la diversité en milieu de travail, sa définition en évolution et son importance critique dans les organisations contemporaines. Il présente la diversité comme un concept multifacette allant au-delà des catégories démographiques traditionnelles pour englober diverses expériences et perspectives humaines. Le chapitre commence par présenter la diversité en milieu de travail comme un impératif stratégique plutôt qu'une simple question de conformité. Il souligne comment la diversité est devenue un moteur d'innovation, d'engagement des employés et de succès global des entreprises. L'introduction prépare le terrain pour un examen plus approfondi de ce que signifie vraiment la diversité dans l'environnement professionnel d'aujourd'hui. Le contenu se plonge dans les diverses dimensions de la diversité en milieu de travail, y compris les aspects démographiques, culturels, éducatifs et socio-économiques. Il souligne comment ces dimensions contribuent à un environnement de travail plus riche et dynamique. Le chapitre met l'accent sur le fait que la diversité ne se limite pas aux différences visibles, mais inclut également les styles cognitifs, les approches de travail et les expériences de vie.

La diversité démographique est explorée au-delà de la race et de l'ethnicité, englobant la diversité de genre, les différences d'âge et d'autres facteurs identitaires. Le chapitre souligne l'importance du dialogue intergénérationnel et les avantages de combiner des perspectives diverses. La diversité culturelle est présentée comme un facteur crucial pour favoriser l'innovation et naviguer sur les marchés mondiaux. Le chapitre discute de la façon dont l'adoption de différents bagages culturels, langues, coutumes et croyances religieuses peut créer un lieu de travail plus inclusif et productif. Une partie importante du chapitre est consacrée à la diversité éducative et socio-économique. Il explore comment ces facteurs façonnent les expériences tant dans les milieux éducatifs que sur le lieu de travail. Le chapitre souligne les avantages des parcours académiques divers dans les processus de résolution de problèmes et de prise de décision. La diversité socio-économique est présentée comme une source de perspectives variées pouvant améliorer l'empathie et la compréhension au sein d'une organisation.

Le chapitre aborde également la diversité des styles de travail, mettant en évidence comment différentes approches de la gestion des tâches et des interactions interpersonnelles peuvent conduire à une adaptabilité et une innovation accrue sur le lieu de travail. Le chapitre souligne les avantages de la diversité, notamment une créativité accrue, une meilleure prise de décision et une portée de marché plus large. Cependant, il reconnaît également les défis liés à la création et au maintien de lieux de travail diversifiés, suggérant qu'une véritable inclusivité nécessite des efforts et un engagement continu.

En conclusion, Le chapitre présente une vision holistique de la diversité en milieu de travail, soulignant sa complexité et ses implications étendues. Il positionne la diversité comme un impératif moral et un avantage stratégique dans le paysage commercial moderne. Le chapitre fournit aux lecteurs une compréhension nuancée de la diversité, les encourageant à penser au-delà des catégories traditionnelles et à considérer la nature multifacette des différences humaines sur le lieu de travail.

Chapitre 7

L'importance d'embrasser une diversité plus large

Un lieu de travail véritablement diversifié valorise et exploite tout l'éventail des différences entre les employés. Cette compréhension plus large de la diversité peut conduire à de nombreux avantages, notamment une créativité et une innovation accrues, une meilleure prise de décision, une augmentation de l'engagement et de la satisfaction des employés, ainsi qu'une portée de marché plus étendue.

Créativité et innovation accrues

Dans l'épreuve de l'innovation organisationnelle, la fusion d'esprits divers catalyse une véritable supernova de créativité. Selon (Search, 2023), cet amalgame hétérogène d'intellects, chacun empreint d'expériences uniques, engendre une synergie cognitive qui transcende la somme de ses parties. Le kaléidoscope de perspectives apportées aux défis est un prisme optique qui réfracte les problèmes à travers de nombreuses lentilles et illumine des solutions nouvelles jusqu'alors obscurcies par l'incertitude de l'homogénéité.

Alors que ce grand symposium de voix diverses résonne dans les couloirs de l'innovation, il déclenche une conflagration d'idéation qui défie les paradigmes conventionnels. La collision de points de vue disparates dans cette percée intellectuelle forge une ingéniosité sans précédent, propulsant les organisations à l'avant-garde de leurs domaines respectifs. Cet écosystème d'innovation axé sur la diversité augmente l'acuité collective de résolution de problèmes et cultive une scène d'apprentissage continu et de pollinisation croisée des idées. Dans ce grand tissu de diversité cognitive, chaque fil apporte sa teinte et sa texture uniques, tissant un riche tableau d'innovation qui sert de source à la résilience et à l'adaptabilité organisationnelles dans notre paysage mondial en constante évolution.

Amélioration de la prise de décision

Dans la prise de décision en entreprise, la cacophonie des points de vue divers se fond en un chef-d'œuvre symphonique de prouesse analytique. Ce chœur hétérogène de perspectives engendre une prise de décision caractérisée par sa rigueur et sa sagacité, transcendant les limites myopes du groupthink homogène. Les perspectives sur les dilemmes stratégiques servent de creuset pour une analyse robuste, forgeant des décisions trempées par le feu d'un examen multifacette (Search, 2023).

L'inclusion et la valorisation sur le lieu de travail catalysent une transformation de l'engagement des employés, métamorphosant le quotidien en une tapisserie d'épanouissement et de productivité. Alors que la mosaïque de voix diverses trouve une résonance dans l'ethos organisationnel, une augmentation palpable de la satisfaction au travail imprègne la main-d'œuvre. Cette source de contentement accroît la productivité, propulsant l'organisation vers des zéniths d'efficacité et d'innovation sans précédent (ELM Learning, 2023). La relation entre l'inclusivité et l'engagement engendre un cercle vertueux, où la valorisation de l'individualité alimente une dynamique collective vers l'excellence, cultivant ainsi un écosystème où la diversité est reconnue et célébrée comme la pierre angulaire du succès organisationnel.

Portée de marché élargie

Dans le bazar du commerce mondial, une main-d'œuvre diversifiée émerge comme la lingua franca par excellence, comblant les fossés entre les segments de marché disparates avec une perspicacité déconcertante. Cet assemblage hétérogène de capital humain, chaque membre étant un répertoire vivant de nuances culturelles et de sagesse expérientielle, sert de véritable pierre de Rosette pour décoder les désirs énigmatiques d'une clientèle multicolore. Le kaléidoscope de perspectives incarné dans une telle main-d'œuvre diversifiée illumine des opportunités de marché auparavant obscures, élargissant la portée de l'organisation vers des territoires commerciaux inexplorés avec une efficacité sans précédent (Search, 2023).

Alors que les organisations embrassent le joyau multifacette de la diversité dans toutes ses dimensions glorieuses, elles cultivent un cadre où l'innovation s'épanouit et le succès devient une prophétie auto-réalisatrice. Cette grande tapisserie d'inclusivité, tissée de fils aux teintes et textures variées, engendre un écosystème où la contribution unique de chacun est reconnue et révérée. La synergie née de cette célébration de la diversité catalyse une transformation sur le lieu de travail, transmutant les frictions potentiellement bénéfiques en une source de créativité et d'efficacité. Dans ce paradigme éclairé, la diversité transcende son rôle de simple mot à la mode en entreprise, se métamorphosant en le socle même sur lequel sont érigés les édifices imposants du triomphe organisationnel, se dressant comme des témoignages durables de la puissance de la variation humaine face à un paysage mondial en constante évolution.

Comment la diversité impacte le succès des entreprises

La diversité en entreprise est un puissant catalyseur du succès organisationnel, stimulant l'innovation, améliorant la prise de décision et potentiellement améliorant les performances financières. La confluence de perspectives et d'expériences variées favorise la créativité et la résolution de problèmes, particulièrement dans des domaines comme les technologies de l'information. Les équipes diversifiées explorent des solutions plus larges, conduisant à des décisions plus robustes et nuancées. Bien que le lien entre la diversité et les résultats financiers soit complexe, les preuves suggèrent une corrélation positive, notamment en ce qui concerne la diversité des genres dans les conseils d'administration. Cependant, l'impact varie selon les contextes et les industries, soulignant la nécessité d'une approche nuancée. Embrasser la diversité offre des avantages concurrentiels et aligne les entreprises sur le progrès sociétal vers une plus grande inclusivité.

L'impact de la diversité sur le succès des entreprises

La diversité sur le lieu de travail est un facteur crucial du succès des entreprises, influençant l'innovation, la prise de décision et la performance financière. En liant la diversité à des résultats commerciaux concrets, les organisations peuvent capter l'intérêt des dirigeants et des employés, favorisant un environnement de travail plus inclusif et efficace. Ces termes sont discutés ci-dessous.

Innovation et amélioration de la prise de décision

Dans la dynamique organisationnelle, l'amalgame de perspectives disparates et de tapisseries expérientielles stimule l'innovation. Les cohortes multiformes, en particulier celles imprégnées d'hétérogénéité culturelle, ont manifestement augmenté la productivité, favorisé une croissance exponentielle et attisé les flammes de la cogitation inventive au sein des entités corporatives, notamment dans le domaine des technologies de l'information (Biradar & Chatpalli, 2017). La confluence de divers affluents cognitifs, chacun coulant de sources socioculturelles uniques, engendre un delta fertile de créativité. Cet écosystème estuarien intellectuel nourrit la germination de solutions nouvelles et d'idéations sans précédent, éléments quintessentiels pour maintenir un avantage concurrentiel dans le marché mondial en constante évolution.

La nature multifacette des équipes diverses s'étend au-delà de la simple innovation, imprégnant le tissu même des processus de prise de décision. Les preuves empiriques suggèrent que la cognition hétérogène des tâches s'avère particulièrement efficace durant la phase de gestation stratégique de l'ontogenèse de l'équipe, facilitant l'exploration d'un spectre plus vaste de solutions potentielles et de constructions idéationnelles (Wang et al., 2019 ; Wang et al., 2016). Cette diversité cognitive est un creuset pour des paradigmes de prise de décision plus complets et productifs. Les membres de l'équipe, chacun portant l'empreinte de leur odyssée expérientielle unique, s'engagent dans une danse dialectique de remise en question des hypothèses et de changement de perspective. La synthèse qui en résulte transcende les limitations d'un culte homogène, produisant des décisions robustes et nuancées.

Performance financière

Le lien entre la diversité et la prouesse fiscale est devenu un terrain d'examen académique, produisant des résultats qui défient une interprétation simpliste. Bien que le corpus de recherche présente un mélange de résultats, une prépondérance de preuves suggère une corrélation positive entre l'hétérogénéité du conseil d'administration et la performance financière. Une enquête séminale sur les hautes sphères des entités corporatives australiennes a mis au jour une vérité saillante : la diversité de genre au sein du milieu du conseil d'administration présentait un lien positif avec l'acuité financière, même en tenant compte d'un éventail d'idiosyncrasies spécifiques aux entreprises (Vafaei et al., 2015). Cette révélation indique que les cadres de direction caractérisés par la diversité peuvent servir de catalyseurs pour une gouvernance et des résultats fiscaux améliorés, augurant bien pour les organisations embrassant une telle multiplicité.

Nonobstant ces conclusions, nous devons reconnaître la nature labyrinthique de la dyade diversité-performance. L'efficacité de l'impact bénéfique de la diversité sur les métriques financières n'est pas immuable mais soumise aux impulsions de facteurs modérateurs multiformes. Une méta-analyse complète des études examinant la diversité de genre dans les conseils d'administration a révélé des incohérences, suggérant que la puissance de l'influence positive de la diversité peut être modulée par une constellation de variables englobant les attributs spécifiques à l'entreprise et les exigences environnementales, voir la recherche de (Hazaea et al., 2023) pour plus d'informations. Cette compréhension nuancée souligne l'impératif d'une approche plus holistique et contextualisée des initiatives de diversité, reconnaissant que le chemin vers une performance financière optimale n'est pas une construction monolithique mais une interaction dynamique de nombreux facteurs.

Études de cas et exemples

La promulgation de modifications réglementaires dans le paysage corporatif des Antipodes, mandatant une augmentation de la diversité des conseils d'administration parmi les entités cotées, a précipité une prolifération marquée de la proportion de femmes directrices. Ce changement de paradigme a mis en évidence une amélioration concomitante de la performance fiscale, soulignant les avantages pécuniaires potentiels inhérents aux échelons de direction diversifiés en termes de genre (Vafaei et al., 2015). En contraste frappant, une incursion empirique dans les entités corporatives tanzaniennes n'a pas réussi à mettre au jour une corrélation statistiquement significative entre la diversité de genre et l'acuité financière, laissant entendre que les ramifications de la diversité peuvent être soumises à des aléas contextuels et industriels (Magoma & Ernest, 2023). Cette dichotomie sert de rappel poignant de la nature nuancée de l'impact de la diversité, mettant en garde contre les généralisations faciles à travers des milieux socioéconomiques disparates.

Dans le commerce contemporain, la diversité émerge comme un puissant catalyseur du triomphe organisationnel, servant de guide pour l'innovation, l'perspicacité décisionnelle et, potentiellement, la prospérité fiscale. Bien que l'efficacité de l'influence de la diversité puisse osciller en fonction de la matrice contextuelle spécifique et des variables en jeu, la prépondérance des preuves laisse entendre que cultiver un environnement de travail hétérogène et inclusif peut apporter de multiples avantages aux entités corporatives. En embrassant la tapisserie multiforme de l'expérience et de la perspective humaines, les entreprises peuvent mieux naviguer dans les complexités labyrinthiques du marché mondial, réalisant un avantage concurrentiel durable. Cette étreinte stratégique de la diversité indique une résilience organisationnelle et positionne les entreprises à l'avant-garde du progrès sociétal, harmonisant les objectifs corporatifs avec la marche inexorable vers une économie mondiale plus équitable et inclusive. La *Figure 7* ci-dessous montre les avantages de la diversité et de l'inclusion sur le lieu de travail.

Figure 6 Source: Achievers

Conclusion

Le chapitre souligne l'importance d'embrasser la diversité sur le lieu de travail et met en évidence plusieurs avantages clés d'avoir une main-d'œuvre diverse. Premièrement, la diversité améliore la créativité et l'innovation. Lorsque des personnes de différents horizons travaillent ensemble, elles apportent des perspectives uniques qui peuvent conduire à de nouvelles idées et solutions. Cette variété de points de vue peut aider les organisations à rester compétitives et à s'adapter aux changements. Deuxièmement, la diversité améliore la prise de décision. Les équipes avec des membres divers ont tendance à considérer un éventail plus large d'options et à prendre des décisions plus approfondies. Troisièmement, la diversité peut accroître l'engagement et la satisfaction des employés. Lorsque les gens se sentent valorisés pour leurs contributions uniques, ils sont souvent plus motivés et plus heureux au travail, augmentant la productivité et créant un environnement de travail positif. Quatrièmement, une main-d'œuvre diverse peut aider les entreprises à atteindre des marchés plus larges. Les employés de différents horizons peuvent fournir des insights sur divers groupes de clients, élargissant potentiellement la portée et l'attrait de l'entreprise.

Le chapitre aborde également les avantages financiers potentiels de la diversité, se concentrant principalement sur la diversité de genre dans les conseils d'administration. Bien que la relation entre la diversité et la performance économique soit complexe et puisse varier selon le contexte, certaines études ont montré des liens positifs. Le chapitre suggère que l'adoption de la diversité ne concerne pas seulement l'équité ou la conformité. C'est un avantage stratégique qui peut aider les entreprises à innover, à prendre de meilleures décisions, à engager les employés et à réussir sur un marché mondial. Cependant, il est vital d'aborder la diversité de manière réfléchie, en reconnaissant que son impact peut varier selon les différentes situations et industries.

Chapitre 8

Défis dans la création et le maintien d'un milieu de travail diversifié

La création et le maintien d'un milieu de travail diversifié présentent des défis multiples pour les organisations. Bien que la diversité offre de nombreux avantages, la mise en œuvre de stratégies de diversité efficaces se heurte souvent à des résistances et des obstacles. Ceux-ci peuvent inclure des préjugés inconscients, des malentendus culturels et des barrières de communication entre les employés issus de milieux différents. Les organisations peuvent avoir du mal à recruter et à retenir des talents diversifiés, en particulier dans les secteurs traditionnellement dominés par des groupes homogènes. De plus, favoriser une culture inclusive qui valorise et exploite des perspectives diverses nécessite des efforts et des ressources continus. Surmonter ces défis exige un engagement de la part des dirigeants, des programmes de formation complets, ainsi qu'une évaluation et une adaptation continues des stratégies de diversité et d'inclusion.

Obstacles courants dans les milieux de travail diversifiés

Les préjugés inconscients, les difficultés de communication et la résistance au changement font partie des obstacles rencontrés dans les milieux de travail diversifiés. Cependant, surmonter efficacement ces obstacles peut conduire à un environnement de travail plus inclusif et innovant. Cela peut améliorer la performance des équipes en tirant parti de perspectives diverses et en favorisant la créativité. De plus, cela peut accroître la satisfaction et la rétention des employés en créant une culture de respect et de collaboration.

Biais inconscients

Les biais inconscients, ces heuristiques mentales subreptices, exercent une influence pernicieuse sur nos processus décisionnels. Ces raccourcis cognitifs, opérant sous le seuil de la conscience, peuvent influencer les choix d'embauche, fausser les évaluations de performance et façonner les dynamiques d'équipe de manière à échapper à la détection consciente. La propension à graviter vers des individus qui reflètent nos origines ou nos caractéristiques illustre ce phénomène, pouvant potentiellement étouffer la diversité et l'innovation organisationnelles (Reeves, 2021). Bien que souvent non intentionnelles, ces préférences peuvent engendrer une main-d'œuvre homogène, excluant involontairement des personnes talentueuses qui s'écartent de l'archétype dominant.

Atténuer les effets pernicieux de ces biais latents nécessite une approche multidimensionnelle. Au premier plan de ces stratégies figure la sensibilisation accrue des employés par le biais de programmes de formation complets. Ces initiatives visent à mettre en lumière les façons subtiles dont les biais inconscients imprègnent les processus décisionnels, équipant les individus des outils nécessaires pour reconnaître et contrer leur influence. En cultivant une main-d'œuvre sensible aux nuances des biais cognitifs, les organisations peuvent favoriser des environnements plus équitables et inclusifs. Cet effort concerté pour combattre les biais inconscients non seulement favorise l'équité, mais libère également les multiples avantages d'un lieu de travail véritablement diversifié et dynamique.

Problèmes de communication

Dans les milieux de travail diversifiés, les barrières de communication émergent comme des obstacles redoutables tissés à partir des disparités linguistiques, des nuances culturelles et des paradigmes communicatifs divergents. Ces entraves peuvent engendrer des malentendus et des inefficacités, particulièrement lorsque les employés manquent de maîtrise de la lingua franca du milieu professionnel (Billet de blog Qooper, 12 mars 2024). La nature labyrinthique des différences culturelles complique davantage ce puzzle, car l'interprétation des messages se réfracte à travers le prisme optique des lentilles culturelles individuelles, catalysant potentiellement la discorde interpersonnelle.

Pour naviguer dans ce paysage communicatif complexe, les organisations doivent adopter une stratégie multidimensionnelle. La mise en œuvre de protocoles de communication lucides est une pierre angulaire, fournissant un cadre pour un discours sans ambiguïté. Parallèlement, des mécanismes robustes de soutien linguistique peuvent améliorer les disparités linguistiques, favorisant un environnement verbal plus cohésif. De plus, cultiver l'acuité culturelle par le biais d'une formation ciblée à la sensibilité est un outil indispensable pour combler le fossé des malentendus culturels (Moloney, 2022). En embrassant ces stratégies, les entreprises peuvent transmuter les barrières de communication en conduits pour une collaboration et une innovation enrichie, exploitant ainsi pleinement le potentiel de leur main-d'œuvre diversifiée.

Résistance au changement

Le spectre du changement suscite souvent une résistance humaine innée, particulièrement lorsque les initiatives de diversité remettent en question le statu quo enraciné. Cette réticence peut provenir d'un manque de compréhension des avantages multiformes de la diversité ou d'une peur primaire de diminution du statut au sein de la hiérarchie organisationnelle (Reeves, 2021). Pour surmonter cette barrière formidable, les entreprises doivent s'engager dans une approche holistique, qui implique d'articuler lucidement la valeur intrinsèque de la diversité, de favoriser l'engagement des employés dans le processus de transformation, et de mettre en œuvre des programmes complets de formation à la diversité pour cultiver un milieu inclusif. Une telle implication proactive atténue la résistance et engendre un sentiment d'appartenance et d'investissement dans la transformation organisationnelle.

La recherche empirique corrobore la notion que la diversité catalyse une performance organisationnelle améliorée, alimentant l'innovation et affinant les processus décisionnels. Cependant, ce même corpus de recherches met en lumière les complexités inhérentes à l'orchestration d'une main-d'œuvre diversifiée. Les études élucident que la gestion efficace de la diversité nécessite une approche stratégique et multidimensionnelle. Ce paradigme englobe un engagement indéfectible du leadership, une évaluation méticuleuse et continue des métriques de diversité, et la culture d'un écosystème inclusif où les contributions de tous les employés sont reconnues et valorisées (Liu et al., 2023). En embrassant cette stratégie globale, les organisations peuvent exploiter le pouvoir transformateur de la diversité, transmutant les défis potentiels en sources de créativité et d'avantage concurrentiel.

Bien que les défis liés à la création et au maintien d'un milieu de travail diversifié soient importants, ils sont gérables. En s'attaquant aux biais inconscients, en améliorant la communication et en gérant la résistance au changement, les organisations peuvent créer un environnement plus inclusif qui tire parti des avantages de la diversité. Cette approche améliore non seulement la performance organisationnelle, mais favorise également un lieu de travail plus équitable et juste.

Problèmes de communication

Dans les milieux de travail diversifiés, les barrières de communication émergent comme des obstacles redoutables tissés à partir des disparités linguistiques, des nuances culturelles et des paradigmes communicatifs divergents. Ces entraves peuvent engendrer des malentendus et des inefficacités, particulièrement lorsque les employés manquent de maîtrise de la lingua franca du milieu professionnel (Billet de blog Qooper, 12 mars 2024). La nature labyrinthique des différences culturelles complique davantage ce puzzle, car l'interprétation des messages se réfracte à travers le prisme optique des lentilles culturelles individuelles, catalysant potentiellement la discorde interpersonnelle.

Pour naviguer dans ce paysage communicatif complexe, les organisations doivent adopter une stratégie multidimensionnelle. La mise en œuvre de protocoles de communication lucides est une pierre angulaire, fournissant un cadre pour un discours sans ambiguïté. Parallèlement, des mécanismes robustes de soutien linguistique peuvent améliorer les disparités linguistiques, favorisant un environnement verbal plus cohésif. De plus, cultiver l'acuité culturelle par le biais d'une formation ciblée à la sensibilité est un outil indispensable pour combler le fossé des malentendus culturels (Moloney, 2022). En embrassant ces stratégies, les entreprises peuvent transmuter les barrières de communication en conduits pour une collaboration et une innovation enrichies, exploitant ainsi pleinement le potentiel de leur main-d'œuvre diversifiée.

Résistance au changement

Le spectre du changement suscite souvent une résistance humaine innée, particulièrement lorsque les initiatives de diversité remettent en question le statu quo enraciné. Cette réticence peut provenir d'un manque de compréhension des avantages multiformes de la diversité ou d'une peur primaire de diminution du statut au sein de la hiérarchie organisationnelle (Reeves, 2021). Pour surmonter cette barrière formidable, les entreprises doivent s'engager dans une approche holistique, qui implique d'articuler lucidement la valeur intrinsèque de la diversité, de favoriser l'engagement des employés dans le processus de transformation, et de mettre en œuvre des programmes complets de formation à la diversité pour cultiver un milieu inclusif. Une telle implication proactive atténue la résistance et engendre un sentiment d'appartenance et d'investissement dans la transformation organisationnelle.

La recherche empirique corrobore la notion que la diversité catalyse une performance organisationnelle améliorée, alimentant l'innovation et affinant les processus décisionnels. Cependant, ce même corpus de recherches met en lumière les complexités inhérentes à l'orchestration d'une main-d'œuvre diversifiée. Les études élucident que la gestion efficace de la diversité nécessite une approche stratégique et multidimensionnelle. Ce paradigme englobe un engagement indéfectible du leadership, une évaluation méticuleuse et continue des métriques de diversité, et la culture d'un écosystème inclusif où les contributions de tous les employés sont reconnues et valorisées (Liu et al., 2023). En embrassant cette stratégie globale, les organisations peuvent exploiter le pouvoir transformateur de la diversité, transmutant les défis potentiels en sources de créativité et d'avantage concurrentiel.

Bien que les défis liés à la création et au maintien d'un milieu de travail diversifié soient importants, ils sont gérables. En s'attaquant aux biais inconscients, en améliorant la communication et en gérant la résistance au changement, les organisations peuvent créer un environnement plus inclusif qui tire parti des avantages de la diversité. Cette approche améliore non seulement la performance organisationnelle, mais favorise également un lieu de travail plus équitable et juste.

Utiliser des formats de formation variés

Cultiver une culture d'inclusivité exige une approche multidimensionnelle de la formation qui transcende les méthodologies traditionnelles. En amalgamant diverses modalités d'apprentissage, les organisations peuvent concevoir une éducation qui résonne avec chaque employé. Les modules en ligne offrent une profusion numérique de connaissances accessibles à la convenance de l'apprenant. Les ateliers en présentiel, quant à eux, fournissent un creuset pour des interactions en face à face, favorisant la camaraderie et le discours en temps réel. Selon (Qualtrics, 2024), les discussions interactives servent de réceptacle où les idées sont forgées et les perspectives élargies, créant un environnement d'apprentissage synergique.

Cette approche de la formation s'adapte à diverses propensions d'apprentissage et amplifie l'engagement et la rétention des connaissances. La juxtaposition d'expériences d'apprentissage numériques et tactiles crée de riches opportunités éducatives. Les employés peuvent s'immerger dans des modules en ligne à leur rythme, puis passer à des ateliers animés en présentiel où ils peuvent appliquer leurs nouvelles connaissances. Ces modalités diverses fusionnent en un écosystème d'apprentissage complet qui nourrit l'inclusivité et permet aux employés d'intérioriser et de mettre en œuvre des concepts vitaux. (Billet de blog de Pathak Anjan, juin 2019) affirme que le résultat est une main-d'œuvre non seulement informée mais transformée, prête à défendre la diversité et l'inclusion dans les interactions quotidiennes.

Évaluer l'efficacité de la formation

À l'issue de chaque odyssée de formation, l'obtention de retours des participants émerge comme une pierre de touche indispensable pour jauger l'efficacité. Le déploiement d'enquêtes méticuleusement élaborées sert de conduit pour récolter des aperçus inestimables, illuminant les triomphes et les lacunes au sein du cadre éducatif. Cette inquisition post-formation quantifie non seulement l'impact immédiat, mais révèle également des avenues potentielles d'amélioration, catalysant un cycle perpétuel de perfectionnement (Qualtrics, 2024).

Les retours recueillis se métamorphosent en inspiration, guidant les efforts de formation ultérieurs comme un renouvellement cyclique éternel qui nourrit et revitalise continuellement l'écosystème de formation. En analysant assidûment les données collectées, les organisations peuvent recalibrer leur approche, peaufinant le contenu, les méthodes de livraison et la structure globale. Le résultat est un paradigme de formation dynamique et en constante évolution qui reste réactif aux besoins et attentes changeants de ses participants, assurant que chaque itération successive surpasse son prédécesseur en pertinence et en efficacité (Billet de blog de Long Brita, janvier 2022).

Conclusion

Le chapitre explore les défis liés à la création et au maintien d'un milieu de travail diversifié et examine les stratégies pour surmonter ces obstacles. Les principaux écueils dans les milieux de travail diversifiés tournent autour des biais inconscients, des problèmes de communication et de la résistance au changement. Les biais inconscients peuvent subtilement influencer les décisions concernant l'embauche, les promotions et les dynamiques d'équipe, favorisant souvent ceux qui sont similaires aux décideurs. Les problèmes de communication surgissent des différences linguistiques et des malentendus culturels, entravant les interactions efficaces sur le lieu de travail. La résistance au changement se manifeste lorsque les employés hésitent à adopter des initiatives de diversité en raison d'un manque de compréhension des avantages ou de la peur de perdre leur statut.

Le chapitre propose plusieurs stratégies pour relever ces défis et favoriser un environnement inclusif. La mise en œuvre de formations sur les biais est une étape cruciale, avec des sessions régulières pour tous les employés aidant à sensibiliser aux biais inconscients et enseignant des moyens de les contrer. Le chapitre souligne l'importance d'utiliser des formats de formation variés, combinant modules en ligne, ateliers en présentiel et discussions interactives pour répondre aux différents styles d'apprentissage et améliorer l'engagement. De plus, l'évaluation de l'efficacité de la formation par la collecte de retours est mise en avant comme une pratique essentielle pour améliorer continuellement les programmes de diversité et d'inclusion.

Le chapitre souligne que, bien que la création d'un milieu de travail diversifié puisse être difficile, les avantages en valent la peine. Un environnement véritablement inclusif peut conduire à une innovation accrue, une meilleure prise de décision et une satisfaction accrue des employés. En conclusion, le message clé est que favoriser la diversité et l'inclusion nécessite un engagement continu, une formation complète et une volonté d'adapter les stratégies en fonction des retours et des résultats. En abordant ces défis de front, les organisations peuvent créer un milieu de travail plus équitable et productif qui profite à tous les employés. Cette approche améliore non seulement l'environnement de travail, mais positionne également l'entreprise pour un plus grand succès dans un marché mondial de plus en plus diversifié.

Chapitre 9

Promouvoir les programmes de mentorat

Les programmes de mentorat sont essentiels pour soutenir et guider les groupes sous-représentés au sein de l'organisation. Ces programmes facilitent le développement professionnel et favorisent un sentiment d'appartenance et de communauté. Les étapes concrètes pour le programme de mentorat comprennent les suivantes.

Établir des structures formelles de mentorat

Orchestrer une initiative de mentorat méticuleusement élaborée favorise une synergie intergénérationnelle et interculturelle au sein du tissu organisationnel. Cet arrangement mutuel, juxtaposant des néophytes issus de milieux divers avec des luminaires chevronnés, engendre un terreau fertile pour la pollinisation croisée intellectuelle et la métamorphose professionnelle. La dyade de mentorat devient un creuset, transmuant le potentiel brut en expertise raffinée par l'osmose de la sagesse expérientielle (River Software, 2024).

Pour le mentoré, cette alliance suggérée offre une boussole pour naviguer dans les dédales labyrinthiques de l'avancement professionnel. Elle fournit un point de vue sans pareil pour observer le paysage professionnel, éclairé par le phare des connaissances accumulées de leur mentor. Le mentor, à son tour, gagne l'opportunité de réfléchir sur ses expériences à travers le prisme de perspectives nouvelles, favorisant une dynamique d'apprentissage réciproque. Ce paradigme de mentorat accélère les trajectoires de croissance individuelle et tisse un tissu organisationnel plus complexe et résilient qui célèbre la diversité tout en nourrissant une vision partagée du succès (Long Brita Blog Post, janvier 2022).

Promouvoir le mentorat interdépartemental

Catalyser des alliances de mentorat qui transcendent les frontières départementales sert de processus puissant, transmuant les silos organisationnels en un écosystème cohésif et synergique. Cette pollinisation croisée d'expertise et de perspectives engendre une compréhension panoramique des opérations multiformes de l'entreprise, déployant une tapisserie de fonctions interconnectées devant les yeux du mentoré. Selon les commentaires de (Jha Nilesh Avado Blog, janvier 2024), l'expansion cognitive résultante augmente non seulement la compréhension individuelle, mais favorise également une intelligence collective qui imprègne l'ensemble de la matrice organisationnelle.

À mesure que ces dyades de mentorat interdépartementales prolifèrent, elles tissent une toile intriquée de collaboration, démantelant les barrières ossifiées qui entravaient jadis le libre flux des idées et de l'innovation. Cette nouvelle perméabilité permet la fertilisation croisée des méthodologies et des idées, déclenchant des conflagrations créatives aux intersections de domaines divers. Les effets d'ondulation de ces ponts de mentorat s'étendent bien au-delà des individus impliqués, catalysant une métamorphose culturelle qui prône l'inclusivité, la compréhension mutuelle et la croissance symbiotique. Dans ce creuset d'échange interdisciplinaire, les graines des innovations futures sont semées, nourries par le riche terreau d'expériences diverses, et arrosées par les courants de sagesse partagée (Pathak Anjan Blog Post, juin 2019).

Reconnaître et récompenser la participation

Instituer un paradigme de reconnaissance robuste pour les architectes et les bénéficiaires des efforts de mentorat est un mécanisme puissant pour un engagement durable. Cela illustre l'engagement inébranlable d'une organisation à cultiver une atmosphère inclusive. Cette reconnaissance ne fait pas que renforcer les récompenses intrinsèques du mentorat, elle élève également ces relations à une position de prestige organisationnel. (River Software, 2024) affirme que les éloges publics des mentors et des mentorés créent un cycle d'auto-perpétuation de la motivation, inspirant d'autres à s'embarquer dans leurs odyssées de mentorat et favorisant une culture où le transfert de connaissances devient une norme célébrée.

De telles initiatives de reconnaissance transcendent le simple symbolisme, se métamorphosant en puissants instruments de transformation culturelle. Elles transmuent les avantages souvent intangibles du mentorat en distinctions tangibles, rendant visible l'impact transformateur de ces relations sur les trajectoires individuelles et les tapisseries organisationnelles. Cette visibilité, à son tour, renforce l'engagement de l'organisation à cultiver un terrain fertile pour l'épanouissement de talents divers. À mesure que les histoires de réussite de mentorat prolifèrent et sont publiquement fêtées, elles guident l'organisation vers un avenir où l'inclusivité n'est pas seulement une aspiration, mais une réalité vécue tissée dans le tissu des opérations quotidiennes et des stratégies à long terme (Pathak Anjan Blog Post, juin 2019).

Établir des Groupes de Ressources pour Employés (GRE)

Les groupes de ressources pour employés (GRE) fournissent des réseaux de soutien aux employés dans une organisation avec une main-d'œuvre diversifiée. Ces plateformes visent à faciliter le partage d'expériences, à plaider pour le changement et à favoriser un sentiment d'appartenance parmi les membres. Les GRE sont des ressources précieuses dont tous les employés devraient profiter, car ils peuvent offrir de précieuses opportunités de réseautage et de collaboration. Les étapes concrètes pour les ERG comprennent le soutien à leur formation, leur intégration dans la stratégie de l'entreprise et la facilitation de leur visibilité.

Établir des groupes de ressources pour employés (GRE) est un moyen puissant de favoriser la diversité, d'améliorer l'engagement des employés et d'améliorer la performance organisationnelle. Ces groupes permettent aux employés de se rassembler autour d'identités ou d'intérêts communs, créant des caractéristiques d'appartenance qui encouragent la croissance personnelle et l'autonomisation collective. Nourris par le soutien de l'entreprise, les ERG sont devenus des centres dynamiques d'échange culturel et de développement professionnel, enrichissant le lieu de travail d'expériences partagées et de compréhension mutuelle.

Pour insuffler la vie à ces communautés en développement, les organisations doivent leur fournir les ressources nécessaires pour s'épanouir. Cela implique plus qu'une simple approbation tacite ; cela exige des investissements tangibles dans des sanctuaires de réunion dédiés et des allocations financières pour les événements. Un tel soutien matériel transmute les idéaux abstraits d'inclusivité en manifestations concrètes de l'engagement organisationnel. En fournissant aux GRE un échafaudage physique et fiscal, les entreprises légitiment ces groupes et amplifient leur potentiel d'impact. Selon (River Software, 2024), cette coopération entre le soutien de l'entreprise et l'initiative des employés engendre un terrain fertile où les voix diverses peuvent résonner, les idées innovantes peuvent germer, et une culture véritablement inclusive peut prendre racine et s'épanouir.

Intégrer les GRE dans la stratégie de l'entreprise

Orchestrer une harmonisation harmonieuse entre les Groupes de Ressources pour Employés et l'ethos global de diversité et d'inclusion d'une organisation est primordial pour favoriser une relation véritablement symbiotique. Cette synchronisation transcende la congruence superficielle, s'enfonçant dans l'intégration stratégique, où les GRE se métamorphosent d'entités périphériques en composants intégraux de l'écosystème d'entreprise. (Pathak Anjan Blog Post, juin 2019) note dans son article qu'en tissant minutieusement la tapisserie des idées des GRE dans le tissu de la politique et de la pratique organisationnelle, les entreprises peuvent exploiter la sagesse collective de ces communautés microscopiques pour informer et élever leurs initiatives d'inclusivité au niveau macro.

Ce processus alchimique de transmutation du feedback des GRE en changement organisationnel tangible est un puissant catalyseur pour une inclusivité authentique. Il crée une boucle de rétroaction où les perspectives de la base remontent, infusant la prise de décision exécutive avec les expériences vécues de diverses cohortes d'employés. Ce flux bidirectionnel d'idées et d'influence enrichit non seulement les stratégies de diversité et d'inclusion de l'organisation, mais imprègne également les GRE d'agentivité et de finalité. Selon les commentaires de (Long Brita's Blog Post, janvier 2022), la synergie résultante entre les aspirations des ERG et les objectifs de l'entreprise engendre un écosystème dynamique où l'inclusivité n'est pas simplement un idéal élevé, mais une réalité vivante et respirante qui imprègne chaque strate de la hiérarchie organisationnelle.

Faciliter la visibilité des GRE

Amplifier la résonance des efforts des Groupes de Ressources pour Employés à travers l'écosphère organisationnelle sert de démonstration puissante d'une cognition et d'un engagement accrus. Cette élévation stratégique des initiatives GRE les transmute d'activités périphériques en piliers centraux de l'ethos d'entreprise, engendrant ainsi une attraction gravitationnelle qui attire une participation diverse. La visibilité résultante se métamorphose en un phare d'inclusivité, illuminant les voies d'une culture où le soutien et la compréhension s'épanouissent organiquement, imprégnant chaque strate de la hiérarchie organisationnelle, selon un point de vue de (Jha Nilesh Avado Blog, janvier 2024).

Le processus alchimique de cultiver un milieu inclusif exige une approche multifacette semblable au tissage d'une tapisserie intriquée avec des fils d'interventions diverses. La formation sur les préjugés sert de chaîne, fournissant une structure fondamentale pour la conscience et l'autoréflexion. Les programmes de mentorat forment la trame, entrelaçant les expériences et les perspectives à travers les frontières hiérarchiques et démographiques. Les Groupes de Ressources pour Employés agissent comme des motifs vibrants, ajoutant profondeur, texture et richesse culturelle au tissu organisationnel.

Cette stratégie tripartite se coalesce en une force transformatrice, sculptant un écosystème de travail où la valeur intrinsèque de chaque individu est reconnue et célébrée. L'environnement résultant non seulement catalyse la satisfaction des employés, mais allume également le creuset de l'innovation, propulsant l'organisation vers des échelons de succès sans précédent. (Qualtrics, 2024) postule que la transmutation des potentiels divers en réalisations collectives devient non seulement une aspiration, mais une réalité inévitable.

Conclusion

Le chapitre se concentre sur les stratégies visant à promouvoir la diversité et l'inclusion sur le lieu de travail, principalement par le biais de programmes de mentorat et de Groupes de Ressources pour Employés (GRE). Il aborde l'importance des programmes de mentorat pour soutenir les groupes sous-représentés au sein des organisations et décrit plusieurs étapes cruciales pour mettre en œuvre des initiatives de mentorat efficaces. Celles-ci incluent l'établissement de structures formelles de mentorat, qui associent des nouveaux venus issus de milieux divers à des leaders expérimentés. Cette approche favorise la croissance professionnelle et crée des opportunités d'apprentissage interculturel. Le mentorat interdépartemental est mis en avant comme une pratique précieuse. En connectant des mentors et des mentorés de différentes parties de l'organisation, les entreprises peuvent briser les silos et encourager une compréhension plus globale de l'entreprise. Cette approche bénéficie non seulement aux employés individuels, mais favorise également l'innovation et la collaboration à travers l'organisation.

Le chapitre souligne l'importance de reconnaître et de récompenser la participation aux programmes de mentorat. En reconnaissant publiquement les efforts des mentors et des mentorés, les organisations peuvent renforcer la valeur de ces relations et inspirer d'autres à s'impliquer. Cette reconnaissance aide à créer une culture où le partage des connaissances et le soutien à la diversité sont célébrés. La deuxième partie du chapitre se concentre sur les Groupes de Ressources pour Employés (GRE). Ces groupes sont des plateformes précieuses permettant aux employés de partager leurs expériences, de plaider pour le changement et de favoriser un sentiment d'appartenance. Le chapitre décrit les étapes pour établir et soutenir les GRE, y compris la fourniture des ressources nécessaires et leur intégration dans la stratégie globale de l'entreprise.

L'importance d'aligner les GRE sur les objectifs de diversité et d'inclusion de l'organisation est soulignée. En intégrant les idées des GRE dans les politiques et pratiques de l'entreprise, les organisations peuvent s'assurer que les initiatives de diversité sont informées par les expériences réelles de leurs employés. Enfin, le chapitre aborde la nécessité d'accroître la visibilité des GRE au sein de l'organisation. En promouvant les activités et les réalisations des GRE, les entreprises peuvent démontrer leur engagement envers l'inclusivité et encourager une participation plus large. Le chapitre conclut en soulignant que ces stratégies - programmes de mentorat, GRE et formation sur les préjugés -

travaillent ensemble pour créer un lieu de travail véritablement inclusif. Cette approche globale améliore non seulement la satisfaction des employés, mais stimule également l'innovation et le succès organisationnel. Le chapitre présente une vue holistique de la façon dont les organisations peuvent favoriser la diversité et l'inclusion grâce à des programmes structurés et des initiatives menées par les employés. Il souligne l'idée que la création d'un lieu de travail inclusif nécessite un effort continu et un engagement à tous les niveaux de l'organisation.

Chapitre 10

Le Rôle du Leadership dans la Promotion de la Diversité

Les leaders à tous les niveaux jouent un rôle crucial en modelant des comportements inclusifs et en stimulant le changement organisationnel. Le leadership inclusif n'est pas simplement une tendance, mais une approche stratégique qui améliore l'innovation, l'engagement et la performance globale de l'organisation. Ci-dessous, vous trouverez des suggestions et des stratégies sur la façon dont les leaders peuvent promouvoir la diversité et favoriser une culture inclusive.

Comprendre le Leadership Inclusif

Saisir l'essence du leadership inclusif sert ceux qui recherchent sincèrement, chérissent et assimilent de nombreux points de vue et contributions de chaque membre de l'équipe, en mettant l'accent sur les voix émanant des groupes sous-représentés ou marginalisés. Ce paradigme de gestion est profondément ancré dans la résonance empathique, le respect et une appréciation profonde des multiples manifestations de la diversité - englobant l'héritage ethnique, l'identité de genre, les tapisseries expérientielles et les paysages cognitifs.

Une telle éthique de leadership transcende le tokenisme, favorisant un environnement où les perspectives divergentes sont tolérées, activement recherchées et célébrées. Cela exige une recalibration des dynamiques de pouvoir traditionnelles, encourageant les leaders à abandonner leur rôle d'arbitres omniscients pour embrasser des positions de facilitateurs dans un échange harmonieux d'idées. Cette approche catalyse l'innovation, nourrit un sentiment d'appartenance et propulse les organisations vers des sommets de succès sans précédent dans notre milieu mondial de plus en plus interconnecté.

Conscience de Soi et Intelligence Émotionnelle

Les leaders inclusifs, finement accordés à leurs préjugés inhérents, s'engagent dans un processus perpétuel d'auto-modulation pour garantir l'équité. Leur quotient émotionnel élevé sert de canal, facilitant des connexions profondes avec les membres de l'équipe et permettant une compréhension nuancée de leurs exigences (Dillon & Bourke, 2016 ; The Achieve Institute, 2023). Ces gestionnaires d'avant-garde font preuve d'une curiosité intellectuelle insatiable, embrassant un kaléidoscope de points de vue et manifestant une véritable curiosité pour les expériences vécues des autres.

Ce paradigme de leadership engendre un écosystème propice à la synergie collaborative et à l'innovation révolutionnaire (Bourke & Titus, 2019). En cultivant une atmosphère de sécurité psychologique, ces leaders transforment la diversité d'un simple mot à la mode en une véritable source de force organisationnelle. Leur engagement inébranlable envers l'inclusivité amplifie les voix des personnes historiquement marginalisées et catalyse une mutation de la culture d'entreprise, la propulsant vers un avenir plus égalitaire et dynamique.

Empathie et Soutien

Par la manifestation de la résonance empathique, les leaders inclusifs orchestrent un écosystème de soutien sans pareil. Les employés se retrouvent ancrés dans un cocon d'appréciation et d'autonomisation, catalysant ainsi l'expression libre de leur magnum opus (Li & Tang, 2022 ; Bourke & Titus, 2019). Cette atmosphère complexe, imprégnée d'une compréhension et d'une validation authentiques, est cruciale pour transformer le potentiel latent en une véritable prouesse organisationnelle.

Les effets d'ondulation d'un tel leadership transcendent les simples mesures de productivité, imprégnant le tissu même de la culture d'entreprise. Il engendre une relation symbiotique entre le leader et le subordonné, où le respect mutuel et le but partagé fusionnent pour créer une gestalt, ou comment les choses ont été assemblées, bien supérieure à la somme de ses parties. Dans ce paradigme, la diversité cesse d'être une case à cocher tokenistique. Elle se métamorphose en l'élément vital de l'innovation, propulsant l'organisation vers des horizons de succès et de pertinence sans précédent dans notre tapisserie mondiale de plus en plus interconnectée.

Adaptabilité et Apprentissage Continu

Les modèles de leadership inclusif font preuve d'une plasticité sans pareille et d'une soif insatiable de connaissances. Ils s'immergent perpétuellement dans le flux et le reflux des paradigmes mondiaux et recalibrent leur modus operandi en accord avec les révélations émergentes (Sampaio Nathalia Blog Post, août 2022 ; Jonathan M. Pham Blog Post, avril 2024). Cette agilité intellectuelle catalyse les archétypes de leadership statiques en constructions dynamiques et mutables qui évoluent en tandem avec notre milieu socioculturel en constante mutation.

En embrassant cette philosophie de métamorphose perpétuelle, ces avant-gardes de la gestion organisationnelle préparent leur acuité de leadership pour l'avenir et cultivent une culture d'adaptabilité qui imprègne chaque échelon de leur sphère d'influence. Leur engagement inébranlable envers l'auto-perfectionnement et la conscience globale engendre un effet d'onde, inspirant les membres de l'équipe à embrasser le changement avec enthousiasme et à considérer la diversité non pas comme un défi à surmonter, mais comme une source inestimable d'innovation et d'avantage concurrentiel dans notre environnement commercial mondial de plus en plus interconnecté.

Stratégies pour Leaders pour Modéliser des Comportements Inclusifs

Les leaders peuvent modéliser des comportements inclusifs en encourageant une communication ouverte, en soutenant les initiatives de diversité et en donnant l'exemple à ceux qui les entourent. Les comportements inclusifs créent un environnement où chacun se sent en sécurité, respecté et considéré comme égal. Cela crée un sentiment d'appartenance et un sentiment de but commun, qui peuvent aider à construire la confiance et la collaboration.

Communication Ouverte

La communication ouverte est le moteur des efforts collaboratifs, catalysant un environnement où les points de vue divers se rejoignent. En cultivant une atmosphère de dialogue sans entraves, les organisations galvanisent les membres de l'équipe pour qu'ils expriment leurs pensées sans crainte de censure ou d'ostracisme. Cette symbiose d'idées engendre une riche tapisserie de perspectives, alimentant l'innovation et favorisant un sentiment d'inclusivité qui imprègne l'ethos du lieu de travail (Clelland, 2023 ; The Achieve Institute, 2023).

L'apothéose de la communication ouverte se manifeste de multiples façons, des interactions quotidiennes aux séances de remue-méninges qui changent les paradigmes. À mesure que les membres de l'équipe s'habituent aux expressions directes, un changement palpable se produit dans l'esprit organisationnel. Les barrières s'effondrent, les silos se désintègrent et une nouvelle synergie émerge, propulsant le collectif vers des sommets sans précédent de créativité et de productivité. Selon Clelland et The Achieve Institute, cette métamorphose augmente l'efficacité des contributeurs individuels et renforce la cohésion de l'équipe, créant un cycle auto-perpétuant de croissance et de réussite.

Promouvoir les Initiatives de Diversité

À l'avant-garde des initiatives de diversité, les leaders doivent mener des changements sismiques dans l'architecture organisationnelle, en promouvant des politiques et des pratiques qui engendrent une main-d'œuvre hétérogène. Cela implique un recalibrage des protocoles d'embauche et l'instauration de directives inclusives qui imprègnent chaque strate de la hiérarchie d'entreprise. (Korn Ferry, 2023 ; Ashadul & olla, 2023) affirment qu'en orchestrant de telles transformations fondamentales, les leaders posent les bases d'une culture qui embrasse et cultive activement la diversité sous ses multiples formes.

Au-delà des métamorphoses structurelles, les leaders doivent incarner l'ethos qu'ils cherchent à insuffler, servant de parangons d'inclusivité à travers leur comportement quotidien. Cela nécessite un engagement inébranlable envers la diversité, manifesté par une panoplie de comportements qui témoignent d'une perspicacité culturelle et d'humilité. Les leaders doivent éviter les gestes de performance au profit d'un engagement authentique, démontrant un dévouement indéniable à favoriser un environnement où les voix disparates sont entendues et valorisées. Selon (Bourke & Titus, 2019), une telle conduite exemplaire catalyse un effet d'onde qui se répercute dans toute l'organisation, inaugurant un nouveau paradigme d'excellence inclusive.

Mettre en Œuvre des Programmes de Formation

Élever la conscience organisationnelle à travers une formation complète sur les biais inconscients et les pratiques inclusives est primordial pour favoriser un milieu de véritable diversité et inclusion. Lorsqu'elle est diffusée à tous les niveaux de la hiérarchie d'entreprise, une telle amélioration sert de mécanisme pour un changement transformateur. Les organisations peuvent engendrer une épiphanie collective qui se répercute dans toute la main-d'œuvre en éclairant la nature insidieuse des préjugés implicites et en équipant les employés des outils nécessaires pour les combattre. Cette nouvelle prise de conscience et ces stratégies pratiques pour un engagement inclusif cultivent un terrain fertile où les perspectives et expériences diverses peuvent s'épanouir. À mesure que les employés intériorisent ces principes, une métamorphose se produit, transformant l'ethos organisationnel en un ethos qui reconnaît et célèbre la riche tapisserie de la diversité humaine. Ce changement de paradigme, enraciné dans la compréhension et l'empathie, devient le socle sur lequel une culture véritablement inclusive est construite, propulsant l'organisation vers des sommets sans précédent d'innovation et de succès (Jonathan M. Pham Blog Post, avril 2024 ; Dillon & Bourke, 2016).

Conclusion

Le chapitre se concentre sur le rôle crucial du leadership dans la promotion de la diversité et la création d'une culture de travail inclusive. Il souligne que le leadership inclusif n'est pas seulement une tendance, mais une approche stratégique qui améliore l'innovation, l'engagement et la performance globale de l'organisation. Le chapitre commence par explorer le concept de leadership inclusif. Il décrit les leaders inclusifs comme recherchant activement, valorisant et intégrant des perspectives diverses de tous les membres de l'équipe, en particulier ceux issus de groupes sous-représentés ou marginalisés. Ce style de leadership est ancré dans l'empathie, le respect et l'appréciation de la diversité, y compris l'ethnicité, l'identité de genre, les expériences et les styles cognitifs.

La conscience de soi et l'intelligence émotionnelle sont mises en avant comme des traits cruciaux des leaders inclusifs. Ces leaders sont conscients de leurs biais et travaillent continuellement pour assurer l'équité. Leur intelligence émotionnelle élevée leur permet de se connecter profondément avec les membres de l'équipe et de comprendre leurs besoins. Cette approche crée un environnement de sécurité psychologique où la diversité devient une source de force organisationnelle. Le chapitre souligne l'importance de l'empathie et du soutien dans le leadership inclusif. Les leaders qui démontrent une compréhension et une validation authentiques créent une atmosphère où les employés se sentent appréciés et responsabilisés. Cet environnement de soutien permet aux individus d'exprimer leur plein potentiel, transformant la diversité d'un simple concept en une force motrice pour l'innovation et le succès.

L'adaptabilité et l'apprentissage continu sont présentés comme des aspects cruciaux du leadership inclusif. Le chapitre souligne que les leaders influents doivent rester informés des tendances mondiales et ajuster leurs approches en conséquence. Cet engagement envers l'apprentissage continu et la flexibilité aide à créer une culture d'adaptabilité. Le chapitre décrit ensuite des stratégies spécifiques pour que les leaders modélisent des comportements inclusifs. Il souligne l'importance d'une communication ouverte, où les membres de l'équipe se sentent en sécurité pour exprimer leurs pensées sans crainte de critique ou d'exclusion. Cette approche est décrite comme favorisant l'innovation et un sentiment d'inclusivité qui imprègne l'ensemble du lieu de travail. Les leaders sont encouragés à promouvoir activement les initiatives de diversité, ce qui implique la mise en œuvre de politiques et de pratiques inclusives et l'incarnation de ces principes dans leur comportement quotidien.

Le chapitre souligne que les leaders doivent aller au-delà des gestes performatifs pour démontrer un engagement authentique à favoriser un environnement où les voix diverses sont valorisées. Enfin, le chapitre met en lumière l'importance de mettre en œuvre des programmes de formation complets sur les biais inconscients et les pratiques inclusives. Lorsqu'ils sont fournis à tous les niveaux de l'organisation, ces programmes sont décrits comme des mécanismes de changement transformateur. En sensibilisant aux biais implicites et en fournissant des outils pour les combattre, les organisations peuvent créer une culture qui célèbre la diversité. En conclusion, le chapitre présente une vision holistique du leadership inclusif, soulignant qu'il ne s'agit pas seulement de politiques ou d'initiatives, mais de créer un changement fondamental dans la culture organisationnelle. Il dépeint le leadership inclusif comme une force puissante pour stimuler l'innovation, l'engagement et le succès global dans l'environnement d'affaires mondial diversifié et interconnecté d'aujourd'hui.

Chapitre 11

Conduire le Changement Organisationnel

Une étude menée par (Jerab & Mabrouk, 2023) examine l'importance du leadership dans la cultivation d'une culture d'innovation, d'adaptabilité et d'inclusivité afin que les organisations puissent prospérer dans un paysage d'affaires en constante évolution. De plus, elle examine le rôle du leadership dans la gestion du changement en analysant les stratégies des leaders pour surmonter la résistance au changement culturel, favorisant ainsi une culture d'engagement envers le changement. Une culture d'engagement envers le changement peut accroître l'implication et le moral des employés, car les membres de l'équipe se sentent valorisés et impliqués dans l'évolution de l'organisation. Cela améliore également la capacité de l'organisation à s'adapter rapidement aux changements du marché et aux tendances émergentes, maintenant ainsi un avantage concurrentiel. De plus, favoriser une telle culture aide à retenir les meilleurs talents, car les employés sont plus susceptibles de rester dans une entreprise qui encourage la croissance et l'innovation. Les leaders inclusifs conduisent le changement organisationnel en renforçant l'innovation, en améliorant l'engagement des employés et en stimulant la performance financière.

Renforcer l'Innovation

Les équipes diversifiées alimentent l'innovation, allumant un creuset de synergie créative. Leur compréhension collective et leurs perspectives disparates se rejoignent, engendrant des solutions novatrices à des défis complexes. Cette fusion d'intellects favorise un environnement propice à la créativité et à la pensée révolutionnaire. Les organisations peuvent catalyser un changement transformateur en puisant dans un réservoir d'expériences et d'expertises variées. L'interaction de points de vue divers crée un terrain fertile pour l'innovation, propulsant les entreprises vers l'avant dans un paysage de plus en plus concurrentiel. En exploitant leur base de connaissances hétérogènes, les équipes libèrent un potentiel sans précédent de croissance et d'avancement. Selon (Clelland, 2023 ; Li & Tang, 2022), cette synergie d'esprits diversifiés cultive un environnement où l'ingéniosité s'épanouit, stimulant le progrès et repoussant les limites du possible.

Améliorer l'Engagement des Employés

Lorsque les employés perçoivent que leurs voix sont valorisées et leurs besoins soutenus, une métamorphose remarquable se produit au sein du lieu de travail ; l'engagement monte en flèche, catalysant un effet domino de résultats positifs. Ce niveau accru d'engagement se manifeste de multiples façons : amélioration des indicateurs de performance, satisfaction professionnelle élevée et un sentiment palpable de but imprégnant le tissu organisationnel. Selon (The Achieve Institute, 2023 ; Bourke & Titus, 2019), la relation entre le bien-être des employés et le succès de l'entreprise devient de plus en plus évidente à mesure que la vigueur collective de la main-d'œuvre propulse l'entreprise vers des sommets de réussite sans précédent.

Dans le domaine de la performance financière, les organisations dirigées par des leaders inclusifs présentent un avantage apparent sur leurs homologues. Ces entités avant-gardistes surpassent constamment leurs concurrents dans des domaines cruciaux tels que l'expansion des revenus et la perception du marché. La corrélation entre le leadership inclusif et la prospérité fiscale est indéniable, ces entreprises devenant souvent des modèles de réussite dans leurs industries respectives. Ce phénomène souligne le lien inextricable entre la cultivation d'une culture d'entreprise inclusive et l'atteinte de résultats commerciaux tangibles. Alors que ces organisations continuent de prospérer, elles servent de phares d'inspiration, démontrant le pouvoir transformateur d'embrasser la diversité aux plus hauts échelons du leadership, affirment (Korn Ferry, 2023 ; Li & Tang, 2022).

Défis et Opportunités

Bien que pavée de nombreux avantages, la voie vers un leadership inclusif comporte ses défis. La résistance au changement, spectre omniprésent de la transformation organisationnelle, dresse souvent sa tête récalcitrante. Parallèlement, un manque de sensibilisation à la nature impérative de l'inclusivité peut entraver les progrès. Ces obstacles, aussi redoutables qu'ils puissent paraître, ne sont pas insurmontables. Avec un engagement inébranlable des échelons de direction et une concentration constante sur l'amélioration perpétuelle, les organisations peuvent surmonter ces défis.

Le voyage exige un effort soutenu, une volonté de confronter les paradigmes enracinés et un dévouement inébranlable à favoriser un environnement où la diversité s'épanouit (Jonathan M. Pham Blog Post, avril 2024 ; Korn Ferry, 2023). Les leaders à travers le spectre organisationnel exercent une influence immense pour catalyser le changement. En exemplifiant des comportements inclusifs, ils établissent un précédent puissant que d'autres peuvent imiter. Cette approche proactive de l'adoption de la diversité résonne dans toute la structure de l'entreprise, engendrant une culture où de nombreuses perspectives sont non seulement tolérées, mais aussi louées.

À mesure que les leaders affinent continuellement leur acuité en matière de leadership inclusif, ils propulsent leurs organisations vers de plus grands sommets d'innovation et de succès. Les effets d'ondulation de ces efforts s'étendent bien au-delà des confins du monde des affaires, contribuant à la cultivation d'une société plus équitable et juste. Le leadership inclusif émerge comme une force transformatrice dans la relation entre le succès organisationnel et le progrès sociétal, remodelant le paysage des affaires et de la communauté.

Mesurer les Progrès : Les Métriques de Diversité qui Comptent

Le suivi et l'évaluation des initiatives de diversité sont essentiels pour les organisations visant à améliorer la diversité, l'équité et l'inclusion (DEI). Ce processus nécessite une évaluation et une adaptation continues pour atteindre le succès à long terme. Fixer des objectifs DEI mesurables est crucial car cela fournit un repère clair pour le progrès et la responsabilité. Ces objectifs aident les organisations à identifier les domaines spécifiques nécessitant une amélioration et à suivre l'efficacité de leurs initiatives au fil du temps. De plus, des objectifs mesurables permettent une communication transparente des progrès aux parties prenantes, favorisant la confiance et l'engagement envers les efforts DEI.

Métriques Clés de Diversité

Les organisations devraient utiliser une combinaison de métriques quantitatives et qualitatives pour mesurer efficacement les initiatives de diversité. Les organisations devraient régulièrement examiner et analyser les données provenant de diverses sources pour assurer le progrès. Plusieurs métriques doivent être prises en compte, notamment la représentation démographique, l'équité, l'inclusion et l'accessibilité.

Représentation Démographique

La représentation démographique sert de baromètre crucial pour la diversité organisationnelle. Les entreprises peuvent glaner des informations inestimables en scrutant méticuleusement l'hétérogénéité des employés à travers la hiérarchie de l'entreprise, des néophytes aux cadres chevronnés. Cette analyse granulaire, juxtaposée à la diversité du vivier de candidats, éclaire les biais potentiels qui se cachent dans les processus d'embauche. Une telle approche comparative permet d'identifier les écarts entre la composition démographique des candidats et des embauches réussies, déterrant ainsi tout préjugé latent qui pourrait influencer les décisions de recrutement. Selon (Goff, 2024 ; Rozvadovskyy, 2023), cet examen approfondi de la composition de la main-d'œuvre favorise non seulement un environnement de travail plus équitable, mais catalyse également des interventions ciblées pour rectifier tout déséquilibre découvert.

Métriques d'Équité

Les métriques d'équité sont une lentille puissante à travers laquelle les organisations peuvent scruter leur dynamique interne. Les entreprises peuvent déterrer des disparités cachées qui se cachent sous leurs structures apparemment égalitaires en évaluant méticuleusement l'équité salariale, les taux de promotion et les taux de rétention à travers divers groupes démographiques. Cette analyse complète identifie les biais systémiques qui pourraient autrement rester obscurs, mettant en lumière les obstacles potentiels à l'avancement auxquels sont confrontés des groupes spécifiques au sein de l'écosystème organisationnel.

La mise en œuvre de telles évaluations d'équité rigoureuses non seulement éclaire les domaines préoccupants, mais fournit également une base solide pour des interventions ciblées. En plongeant dans les subtilités des structures de rémunération, des parcours de progression de carrière et de la longévité des employés, les organisations peuvent identifier les jonctions précises où certains groupes démographiques rencontrent des obstacles. Cette compréhension nuancée permet aux décideurs d'élaborer des stratégies sur mesure pour démanteler ces barrières, favorisant un environnement de travail plus inclusif et équitable. Les commentaires faits sur le (Wankiewicz Melissa Blog Post, avril 2024) et (Boogaard, 2021) notent qu'en fin de compte, l'application diligente des métriques d'équité sert de promoteur pour la transformation organisationnelle, propulsant les entreprises vers un avenir où l'opportunité et l'avancement sont véritablement accessibles à tous.

Métriques d'Inclusion & Métriques d'Accessibilité

Les métriques d'inclusion servent de baromètre pour le climat émotionnel au sein d'une organisation, fournissant des informations inestimables sur le paysage expérientiel de sa main-d'œuvre. En mettant en œuvre des enquêtes sophistiquées et des mécanismes de rétroaction à multiples facettes, les entreprises peuvent évaluer dans quelle mesure les employés se sentent valorisés et respectés dans leur milieu professionnel. Cette évaluation nuancée va au-delà des indicateurs superficiels, s'approfondissant dans l'engagement des employés, la participation aux groupes de ressources pour employés (GRE) et l'ethos global du lieu de travail. En examinant ces aspects, les organisations peuvent dresser un tableau complet de leur quotient d'inclusivité, mettant en lumière les domaines de force et les opportunités d'amélioration.

En tandem avec les métriques d'inclusion, les métriques d'accessibilité sont essentielles pour favoriser un environnement de travail équitable. Ces métriques élucident les obstacles physiques et technologiques qui peuvent empêcher les employés handicapés de s'immerger pleinement dans la tapisserie du lieu de travail. En évaluant méticuleusement ces barrières potentielles, les organisations peuvent identifier et démanteler les obstacles qui pourraient autrement rester non détectés. Cette approche proactive de l'accessibilité assure non seulement la conformité aux mandats légaux, mais démontre également un engagement authentique à créer un lieu de travail où chaque individu, indépendamment de ses capacités physiques, peut s'épanouir et contribuer de manière significative. (Wankiewicz Melissa Blog Post, avril 2024 ; Cassie Sanchez Blog Post, mars 2023) notent que la symbiose des métriques d'inclusion et d'accessibilité forme ainsi un cadre robuste pour cultiver une culture organisationnelle véritablement inclusive qui célèbre la diversité sous toutes ses manifestations.

Suivi et Évaluation des Progrès

La manière dont vous mesurez les métriques de diversité est importante, tout comme la façon dont vous suivez et évaluez vos progrès. Une méthode consiste à utiliser des données démographiques, qui impliquent la collecte d'informations sur la race, le genre, l'âge et d'autres caractéristiques des employés. Une autre approche consiste à utiliser des enquêtes pour évaluer les perceptions des employés sur l'inclusivité et le sentiment d'appartenance au sein de l'organisation. Le suivi des taux de recrutement, de rétention et de promotion à travers différents groupes démographiques peut fournir des informations précieuses sur les progrès en matière de diversité. Établir des objectifs clairs, recueillir des données, assurer la cohérence et la précision, utiliser la technologie et ajuster les stratégies font tous partie du suivi et de l'évaluation des progrès.

Fixer des Objectifs Clairs et Analyser les Données

Embarquez dans un voyage transformateur en délimitant les triomphes de votre organisation à travers le prisme de la diversité et de l'inclusion. Articulez des aspirations qui incarnent la spécificité, la mesurabilité, l'atteignable, la pertinence et les limites temporelles, une approche SMART quintessentielle (Goff, 2024 ; Rozvadovskyy, 2023). Cette cristallisation des objectifs est la pierre angulaire d'un changement de paradigme dans la culture organisationnelle, propulsant votre entreprise vers une inclusivité et une innovation sans précédent.

Exploitez la puissance des insights basés sur les données pour éclairer la voie à suivre. Déployez une panoplie d'outils, y compris des enquêtes intelligentes et des analyses démographiques complètes, pour amasser un trésor d'informations sur votre main-d'œuvre. Soumis à un examen régulier, ce référentiel de connaissances dévoile des tendances naissantes, des modèles complexes et des domaines mûrs pour l'amélioration (Rozvadovskyy, 2023). Ces preuves empiriques deviennent l'étoile polaire guidant les initiatives de diversité et d'inclusion de votre organisation, garantissant que chaque décision est ancrée dans une intelligence robuste et exploitable.

Utiliser la Technologie pour Assurer l'Exactitude des Données

Exploitez le potentiel transformateur de la technologie de pointe pour révolutionner vos processus de collecte et d'analyse de données. En adoptant l'automatisation, vous améliorerez la précision de vos métriques et gagnerez accès à des insights en temps réel qui éclairent l'efficacité de vos initiatives DEI (Rozvadovskyy, 2023). Cette métamorphose technologique doit être complétée par des protocoles rigoureux qui sauvegardent l'intégrité de vos données. Instituez un régime d'audits réguliers et employez des techniques de validation sophistiquées pour assurer la fiabilité de vos métriques, créant ainsi une base inattaquable pour vos stratégies de diversité et d'inclusion (Goff, 2024). La synergie entre la technologie avancée et la gouvernance méticuleuse des données propulsera votre organisation dans une nouvelle ère d'excellence DEI, où les décisions sont éclairées par des données impeccables et où le changement transformateur n'est pas seulement possible, mais inévitable.

Ajuster les Stratégies si Nécessaire

Exploitez la puissance des insights basés sur les données pour orchestrer une symphonie d'ajustements stratégiques. Cette posture proactive garantit que vos initiatives restent efficaces et synergiquement alignées avec vos objectifs (Rozvadovskyy, 2023 ; Wankiewicz Melissa Blog Post, avril 2024). En adoptant cette approche dynamique, votre organisation devient un parangon d'adaptabilité, naviguant habilement sur le terrain en constante évolution de la diversité et de l'inclusion. L'expérimentation des données et de la stratégie propulse votre entreprise dans des territoires inexplorés de progrès, où chaque décision catalyse un changement transformateur.

Dans cette épreuve d'innovation, vos stratégies évoluent en entités vivantes, se recalibrant constamment pour répondre au ton de l'inclusivité. En restant à l'écoute du rythme palpitant du paysage de la diversité, vos initiatives transcendent la simple efficacité, s'élevant au zénith du progrès avant-gardiste. Cet état perpétuel de flux stratégique garantit que votre organisation ne se contente pas de suivre le rythme du changement ; elle devient l'avant-garde d'un nouveau paradigme, établissant des références que les autres ne peuvent qu'aspirer à émuler. Le résultat est une tapisserie d'inclusion si finement tissée qu'elle devient le tissu même de votre ethos organisationnel.

Créer une Feuille de Route pour l'Amélioration à Long Terme

Construire une feuille de route pour l'amélioration à long terme est essentiel pour mesurer les progrès et les métriques de diversité qui comptent. Une feuille de route sert de guide pour fixer des objectifs et des jalons qui peuvent être mesurés au fil du temps. Elle fournit un cadre mesurable pour évaluer l'efficacité des initiatives de diversité et d'inclusion et identifier les domaines d'amélioration.

Développer un Cadre Exploitable

Forgez un plan minutieusement élaboré délimitant le chemin complexe pour suivre et concrétiser vos aspirations DEI. Cette composition d'armes de planification stratégique devrait englober une panoplie de méthodologies pour un suivi vigilant des progrès et une récolte de données à travers un spectre de domaines pivots, de la représentation démographique à la tapisserie nuancée de la culture du lieu de travail (Rozvadovskyy, 2023 ; Wankiewicz Melissa Blog Post, avril 2024). Laissez ce plan être votre guide organisationnel à travers le voyage complexe de la diversité et de l'inclusion avec une précision infaillible. En naviguant sur ce terrain, chaque point de données devient un phare, illuminant où vous vous situez et les possibilités du possible. Ce document vivant, pulsant avec la vitalité de votre vision DEI, transforme des objectifs abstraits en jalons tangibles, propulsant votre organisation vers un avenir où l'inclusivité n'est pas seulement une aspiration mais le socle même de votre ethos d'entreprise.

Favoriser la Transparence et la Responsabilité

Dévoilez la complexité de vos métriques DEI à votre main-d'œuvre et vos parties prenantes, allumant un phare d'engagement qui illumine le cœur même de votre ethos organisationnel. Cette transparence radicale engendre une confiance sans précédent et constitue un rempart indomptable de responsabilité pour vos efforts de diversité et d'inclusion (Goff, 2024 ; Wankiewicz Melissa Blog Post, avril 2024). En levant le voile sur ces métriques cruciales, vous transformez des objectifs abstraits en réalités tangibles, invitant chaque membre de votre écosystème d'entreprise à participer activement à cette grande odyssée vers l'inclusivité. Les effets d'ondulation de cette ouverture se répercutent à travers tous les échelons de votre entreprise, favorisant une culture où la diversité n'est pas seulement célébrée ; elle est tissée dans le tissu même de votre identité collective, propulsant votre organisation vers un avenir où l'équité et l'inclusion ne sont pas des concepts aspirationnels, mais des réalités vécues.

Engager le Leadership et l'Amélioration Continue

Galvanisez votre échelon de leadership pour devenir l'avant-garde de vos initiatives DEI. Ce paradigme de responsabilité du leadership n'est pas simplement crucial ; c'est la pierre angulaire qui sous-tend une culture de travail inclusive, catalysant une métamorphose qui propulse votre organisation vers un succès à long terme sans précédent (Wankiewicz Melissa Blog Post, avril 2024). Alors que vos leaders deviennent l'incarnation vivante des principes DEI, ils transforment des concepts abstraits en réalités tangibles, favorisant un environnement où la diversité n'est pas seulement tolérée mais célébrée avec un enthousiasme débridé. Cet engagement du haut vers le bas crée un effet cascade, imprégnant chaque strate de votre hiérarchie organisationnelle et allumant une passion collective pour l'inclusivité qui devient la marque de fabrique de votre identité d'entreprise.

Embrassez l'idée que les efforts DEI ne sont pas une destination finie mais une odyssée de raffinement et d'évolution perpétuels. Engagez-vous dans un cycle incessant de révision et de recalibrage de la stratégie, en exploitant la richesse des données pour sculpter des initiatives qui résonnent avec les besoins en constante évolution de votre organisation (Cassie Sanchez Blog Post, mars 2023). Cette approche dynamique transforme votre feuille de route DEI en une entité vivante et respirante qui s'adapte avec une précision darwinienne au paysage changeant de l'inclusivité. En adhérant résolument à cette méthodologie structurée, vous ne créez pas simplement un environnement plus équitable ; vous architecturez un creuset d'innovation qui catapulte les performances de votre organisation dans la stratosphère. Ce n'est pas juste une feuille de route ; c'est un manifeste révolutionnaire qui redéfinit l'essence du succès organisationnel à travers la diversité et l'inclusion.

Conclusion

S'appuyant sur la riche tapisserie d'idées présentées dans ce chapitre, il est évident que la diversité en milieu de travail a évolué d'une simple case à cocher sur les agendas des entreprises à un impératif stratégique stimulant l'innovation, l'engagement des employés et le succès organisationnel. En regardant vers l'avenir, plusieurs tendances émergentes et prédictions se dessinent, brossant un tableau convaincant de la façon dont la diversité en milieu de travail continuera de façonner le paysage des affaires. Premièrement, nous pouvons anticiper un virage vers des approches plus nuancées et intersectionnelles de la diversité. Les organisations iront au-delà des catégorisations démographiques simplistes, reconnaissant l'interaction complexe des identités que chaque employé apporte. Cette compréhension multidimensionnelle conduira à des stratégies de diversité plus sophistiquées qui répondent aux défis et opportunités uniques que présente une main-d'œuvre de plus en plus mondialisée.

Deuxièmement, les avancées technologiques joueront un rôle central dans la révolution de la façon dont les entreprises mesurent et gèrent la diversité. L'intelligence artificielle et les algorithmes d'apprentissage automatique offriront des aperçus sans précédent sur la dynamique de la main-d'œuvre, aidant les leaders à identifier des biais subtils et des modèles que l'analyse humaine pourrait manquer. Cependant, ce bond technologique mettra également au premier plan des considérations éthiques, nécessitant un équilibre délicat entre la prise de décision basée sur les données et le respect de la vie privée individuelle.

Le concept de diversité cognitive gagnera en importance, les organisations reconnaissant que les processus de pensée et les approches de résolution de problèmes diversifiés sont aussi cruciaux que la diversité démographique. Ce changement conduira à des pratiques d'embauche innovantes qui privilégient les styles de pensée et les expériences diverses, favorisent des environnements où la créativité et l'innovation prospèrent, et inspirent le public sur le potentiel de la diversité à stimuler l'innovation. À mesure que le travail à distance devient plus répandu, les barrières géographiques à la diversité diminueront. Ce changement de paradigme créera des opportunités pour des équipes véritablement mondiales, réunissant des individus de cultures et de milieux disparates. Cependant, cela mettra aussi au défi les leaders de cultiver des environnements virtuels inclusifs qui comblent les écarts culturels et linguistiques.

Les Groupes de Ressources pour Employés (GRE) évolueront en de puissants centres d'innovation et de stratégie au sein des organisations. Ces groupes transcenderont les rôles de soutien traditionnels, devenant des incubateurs de nouvelles idées et des forces motrices derrière les stratégies de développement de produits et d'expansion de marché. L'accent mis sur l'équité s'intensifiera, les organisations allant au-delà de l'égalité pour s'assurer que tous les employés disposent des ressources et du soutien nécessaires pour réussir. Cette approche conduira à des parcours de développement de carrière plus personnalisés et à des programmes de mentorat adaptés aux besoins et défis individuels.

En regardant vers l'avenir, la diversité en milieu de travail deviendra de plus en plus liée à des questions sociétales plus larges. On s'attendra à ce que les entreprises prennent position sur les questions de justice sociale, et leurs pratiques de diversité internes seront examinées comme un reflet de leurs engagements externes. L'intégration de la responsabilité sociale et d'entreprise remodèlera la façon dont les organisations s'engagent auprès des employés, des clients et des communautés. En conclusion, il est clair que le voyage vers des lieux de travail véritablement diversifiés et inclusifs est continu et en constante évolution. Les organisations qui prospéreront à l'avenir considèrent la diversité non pas comme une destination, mais comme un processus continu d'apprentissage, d'adaptation et de croissance. En embrassant tout le spectre de la diversité humaine – dans toute sa complexité et sa richesse – les entreprises peuvent débloquer des niveaux sans précédent d'innovation, de résilience et de succès.

L'impératif de diversité en milieu de travail ne fera que se renforcer à l'avenir. À mesure que notre monde devient plus interconnecté et complexe, la capacité à exploiter des perspectives et des expériences diverses sera le facteur clé de différenciation entre les organisations qui mènent et celles qui sont à la traîne. Le défi pour les leaders est clair : créer des environnements où chaque individu peut apporter son moi authentique et entier au travail, contribuant ses talents uniques à une vision collective du succès. Dans cette nouvelle ère, la diversité ne concernera pas seulement la représentation, mais aussi le déploiement du plein potentiel de la créativité et de la collaboration humaines. Alors que nous nous tenons au seuil de cette période transformatrice, une chose est sûre : les organisations qui embrassent la diversité sous toutes ses formes seront les mieux placées pour naviguer les défis et saisir les opportunités de notre monde en rapide évolution.

Chapitre 12

Le Facteur de Visibilité : Rendre la Diversité Visible et Valorisée

Le chapitre explore le concept crucial de la visibilité des initiatives de diversité et d'inclusion organisationnelles. Il examine le défi caché de la diversité, les obstacles à la reconnaissance et les stratégies pour rendre la diversité véritablement visible et valorisée. Le texte approfondit l'argument commercial en faveur d'une diversité visible, soulignant son impact sur l'innovation, la prise de décision et la performance financière. Il aborde les obstacles à la visibilité, y compris les préjugés inconscients et les problèmes systémiques, tout en présentant des stratégies pour les surmonter. Le chapitre met l'accent sur la mesure de l'impact de la diversité à travers diverses métriques et approches. Il souligne le rôle crucial du leadership dans la promotion de la visibilité et la création d'une culture organisationnelle inclusive. En proposant des stratégies à long terme pour intégrer la visibilité dans l'ADN organisationnel, le chapitre fournit un guide complet pour les leaders et les professionnels cherchant à exploiter pleinement le potentiel de la diversité. Enfin, il présente une vision de l'avenir de la diversité visible, prédisant les tendances et les transformations dans ce domaine en évolution.

Introduction

Le Facteur de Visibilité : Rendre la diversité visible et valorisée est une exploration approfondie du rôle crucial de la visibilité dans la promotion d'une véritable diversité et inclusion au sein des organisations. Le chapitre se penche sur la nature multifacette de la diversité, examinant ses aspects visibles et cachés et comment ils façonnent le lieu de travail moderne. Il aborde les défis auxquels les organisations font face pour reconnaître et valoriser la diversité, des préjugés inconscients aux problèmes systémiques, tout en présentant des preuves convaincantes en faveur de l'adoption de la diversité.

Le chapitre commence par dévoiler le concept de diversité cachée et son impact sur les dynamiques organisationnelles. Il discute ensuite des obstacles à la visibilité, y compris les barrières linguistiques, les stéréotypes et le tokenisme, qui entravent souvent la pleine réalisation du potentiel de la diversité. À travers un examen détaillé des stratégies pour accroître la visibilité, mesurer l'impact et du rôle central du leadership, le chapitre offre une feuille de route aux organisations cherchant à créer une culture où la diversité n'est pas seulement vue, mais véritablement valorisée.

Le chapitre guide les leaders, les professionnels des ressources humaines et toute personne investie dans la création de lieux de travail plus inclusifs et équitables, alors que nous naviguons dans les complexités de la diversité visible, de sa définition à sa mise en œuvre et sa mesure. En abordant les difficultés et les possibilités créées par la visibilité de la diversité, il offre une vision holistique de la façon dont les organisations peuvent exploiter le pouvoir de la diversité pour stimuler l'innovation, améliorer la prise de décision et, en fin de compte, atteindre un plus grand succès dans un monde de plus en plus globalisé.

Le Défi de la Diversité Cachée

Le défi de la diversité cachée est une problématique complexe qui passe souvent inaperçue dans de nombreuses organisations, malgré son impact significatif sur les dynamiques de travail et la performance globale. Ce concept nous pousse à regarder au-delà des différences superficielles et à considérer les aspects moins visibles de la diversité qui façonnent nos environnements de travail. La *Figure 8* ci-dessous montre les étapes expliquant pourquoi les préjugés cachés sont si difficiles à modifier.

Figure 7 Source: Bold Insights

Dévoiler la Diversité Cachée

La diversité cachée, une tapisserie énigmatique de la variance

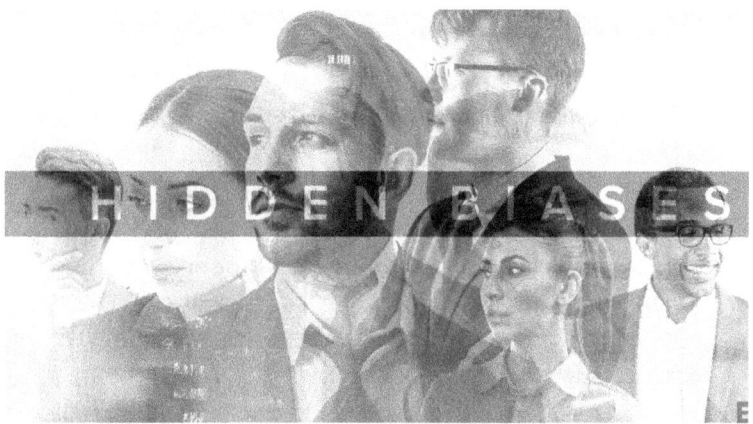

humaine, englobe les nuances subtiles qui façonnent nos visions du monde et nos expériences uniques. Cette mosaïque clandestine comprend l'hétérogénéité cognitive, la divergence expérientielle et le pluralisme culturel. Elle se manifeste dans la myriade d'approches de résolution de problèmes, les chemins labyrinthiques de la pensée et les processus décisionnels distinctifs qui définissent chacun. Les riches expériences de vie, les parcours éducatifs et les trajectoires professionnelles enrichissent davantage ce tableau intriqué de la diversité humaine.

Le manque de perspicacité culturelle découle souvent d'une réticence profonde à embrasser et à comprendre le kaléidoscope des différences humaines. Cette perspective myope engendre une réticence à s'engager avec et à apprendre des individus culturellement divers. De plus, l'élévation orgueilleuse de ses propres visions du monde, traditions et valeurs comme supérieures à celles des autres est un terrain fertile pour des stéréotypes pernicieux. Cette vision du monde narcissique non seulement fomente la discorde, mais peut également catalyser des actes de violence, soulignant l'importance cruciale de favoriser une véritable compréhension et appréciation de la diversité cachée qui enrichit notre expérience humaine collective.

Le Défi de la Reconnaissance

Dans les couloirs complexes des dynamiques organisationnelles, le spectre insaisissable de la diversité cachée échappe souvent à la reconnaissance et à l'appréciation. Cette négligence découle d'un triumvirat d'obstacles redoutables : les préjugés inconscients, une focalisation excessive sur les traits visibles et un manque généralisé de sensibilisation. Notre inclination innée à graviter vers ceux qui reflètent nos attributs peut éclipser involontairement les formes moins évidentes de diversité (Matherly et al., 2024). Cet angle mort cognitif, couplé à l'esprit du temps organisationnel qui met disproportionnément l'accent sur des caractéristiques facilement observables telles que la race et le genre, engendre une perspective étroite qui ne parvient pas à englober le spectre complet de la nature multifacette de la diversité, observent (Matherly et al., 2024 ; Plano, 2022).

La conscience collective de nombreuses institutions reste ignorante de la gamme multicolore de perspectives uniques au sein de leurs rangs. Comme l'observe judicieusement Plano (2022), cette lacune cognitive précipite une dangereuse homogénéisation de la pensée. La monoculture qui en résulte, bien que confortablement familière, constitue une aversion au progrès et à l'adaptabilité dans notre contexte mondial en constante évolution. Cette dérive inconsciente vers l'uniformité restreint la source d'innovation et sape l'essence du pouvoir transformateur de la diversité. Ainsi, l'impératif pour les organisations de cultiver une appréciation plus perspicace de la diversité cachée devient de plus en plus primordial pour naviguer dans les complexités de notre monde interconnecté.

Impact sur les Organisations

La théorie du capital humain est la théorie économique dominante sur la façon dont l'éducation et les compétences cognitives et non cognitives d'un individu sont liées à ses résultats sur le marché du travail et à son succès financier à long terme. Selon cette théorie, les individus sont rémunérés sur le marché du travail en fonction de leur productivité, principalement déterminée par leur éducation et leurs compétences. Par conséquent, l'éducation et le développement des compétences sont considérés comme des investissements dans le capital humain qui pourraient se traduire par une augmentation des revenus et de meilleurs résultats économiques au fil du temps. Selon (Becker, 1994), les critiques de la théorie du capital humain soutiennent qu'elle simplifie à l'excès la relation entre l'éducation, les compétences et les résultats sur le marché du travail, ignorant des facteurs essentiels comme la discrimination, les réseaux sociaux et les inégalités structurelles dans l'accès aux opportunités.

Encourager l'Autoréflexion

La théorie du capital humain règne en maître dans le panthéon économique, élucidant le lien complexe entre les réalisations éducatives d'un individu, ses prouesses cognitives et son acuité non cognitive vis-à-vis de ses trajectoires sur le marché du travail et de son succès financier à long terme. Cet édifice théorique postule que la rémunération sur le marché du travail est inextricablement liée à la productivité de chacun, principalement sculptée par le creuset de l'éducation et de l'acquisition de compétences. Par conséquent, selon (Becker, 1994), la poursuite du savoir et le perfectionnement des aptitudes sont considérés comme des investissements rationnels dans le capital humain, des indications d'un potentiel de gains accru et d'une amélioration des résultats économiques sur le continuum temporel.

Cependant, cette construction théorique n'est pas exempte de détracteurs. Les critiques assaillent la théorie du capital humain pour son approche réductionniste, arguant qu'elle présente un tableau simplifié à l'excès de la relation labyrinthique entre l'éducation, les compétences et les résultats sur le marché du travail. Ces voix dissidentes soutiennent que la théorie néglige des facteurs cruciaux qui façonnent les destins économiques. Les fils subtils de la discrimination, la toile complexe des réseaux sociaux et les inégalités systémiques qui entravent l'accès aux opportunités sont manifestement absents de ce cadre théorique (Bowles & Gintis, 2002). De telles omissions, affirment-ils, rendent la théorie une lentille incomplète à travers laquelle voir la tapisserie complexe du succès économique et de la mobilité sociale dans notre milieu contemporain.

Définir la Véritable Visibilité de la Diversité

La véritable visibilité dans le contexte de la diversité va au-delà de la simple reconnaissance de la présence d'individus divers au sein d'une organisation ou d'une communauté. Elle nécessite une compréhension et une intégration plus profondes des aspects visibles et invisibles de la diversité. Selon (Morris, 2021 ; Castrillón, 2024), cette compréhension est cruciale pour s'assurer que tous les individus se sentent vus, valorisés et inclus de manière significative, nous motivant à approfondir le concept de diversité et ses implications.

Diversité Visible vs. Invisible

La diversité visible se manifeste par des attributs facilement discernables comme l'ethnicité, le sexe, la progression chronologique et les capacités humaines. En raison de leur nature quantifiable, ces caractéristiques manifestes occupent souvent le devant de la scène dans les efforts d'hétérogénéité. Cependant, il est impératif de reconnaître que de telles initiatives transcendent les simples statistiques ou apparences superficielles (Morris, 2021). Elles catalysent une authentique inclusivité et équité à des échelons profonds, assurant que les organisations exhibent la diversité non seulement sur leur façade mais aussi dans leur essence même, selon Castrillón (2024).

La diversité invisible englobe des traits latents qui échappent à la perception immédiate, tels que la provenance socioéconomique, l'érudition, les prédilections amoureuses, les modalités cognitives et les axiomes personnels. Ces facettes revêtent une importance égale, contribuant à la tapisserie des perspectives et des expériences vécues au sein d'un groupe (Winters, 2013). Reconnaître et comprendre la diversité invisible est primordial, car sa négligence peut engendrer une absence d'inclusion véritable. Dans de tels cas, les individus peuvent être obscurcis et sous-évalués malgré leur intégration ostensible dans un assemblage divers (Smith & Bell, 2023).

Rendre la Diversité Véritablement Visible

Rendre la diversité véritablement perceptible nécessite de transcender la représentation superficielle et de s'assurer que tous les aspects de l'hétérogénéité sont reconnus et estimés. Cela implique plusieurs pratiques cruciales, notamment cultiver un milieu inclusif, établir des systèmes équitables, propager l'éducation et la sensibilisation, et un engagement indéfectible du leadership. Construire une culture englobante où chacun se sent accueilli et valorisé est primordial car cela favorise un environnement où les différences sont célébrées et où chacun peut contribuer et s'épanouir (Morris, 2021). Mettre en place des systèmes impartiaux qui s'attaquent aux obstacles systémiques et les démantèlent est indispensable, selon (Zampella, 2019) ; ce processus implique d'examiner et de modifier les pratiques et politiques organisationnelles pour garantir un traitement et des opportunités équitables pour tous, indépendamment de leur origine.

L'éducation et la sensibilisation perpétuelles concernant l'importance de la diversité visible et invisible peuvent remettre en question les préjugés et les idées fausses, englobant des régimes de formation mettant l'accent sur la compréhension et l'appréciation des perspectives et expériences diverses (Winters, 2013 ; Smith & Chris, 2023). Les leaders assument un rôle crucial dans la propulsion des efforts de diversité et d'inclusion ; leur engagement à favoriser un environnement véritablement diversifié et inclusif peut établir le ton pour l'ensemble de l'organisation et garantir que les initiatives de diversité transcendent la simple performativité, aboutissant à une transformation tangible (Oleeo, 2022 ; Omer Usanmaz, 2024).

Remettre en Question les Idées Reçues

De nombreuses idées fausses concernant la diversité exigent d'être corrigées pour atteindre une véritable visibilité. L'idée que la diversité ne concerne que la race et le genre est une idée fausse répandue. Bien que ces aspects soient indubitablement importants, la tapisserie de la diversité englobe de nombreuses caractéristiques, y compris la maturité chronologique, les préférences romantiques et le statut socio-économique. Une focalisation exclusive sur la race et le genre peut involontairement limiter l'efficacité des initiatives de diversité, conduisant à une perspective biaisée qui ne capture pas tout le spectre de la variation humaine (Benbow, 2022). De plus, l'équation erronée entre diversité et inclusion représente un autre obstacle. La simple présence d'un assemblage hétérogène ne garantit pas intrinsèquement l'inclusivité. Une véritable inclusion nécessite des efforts délibérés et soutenus pour cultiver un environnement où chaque individu éprouve un profond sentiment d'appartenance et peut s'épanouir sans entrave (Davis, 2022).

La vision réductionniste de la diversité comme une case à cocher superficielle sape son importance profonde et son potentiel transformateur. Une diversité authentique exige un engagement inébranlable et une intégration harmonieuse dans chaque facette de la culture et des opérations organisationnelles (Oleeo, 2022). Ce n'est pas un objectif statique à atteindre, mais un processus dynamique de croissance et d'adaptation continues. Ce changement de perspective, de la diversité comme tâche finie à un voyage continu, est crucial pour les organisations cherchant à favoriser des environnements véritablement inclusifs qui célèbrent la nature multifacette de l'identité et de l'expérience humaines.

En comprenant et en mettant en œuvre ces principes, les organisations peuvent progresser vers une visibilité précise de la diversité, où tous les individus sont reconnus, véritablement vus, entendus et valorisés. Cette approche holistique de la diversité transcende les mesures superficielles et plonge dans le domaine du changement substantiel. Elle augmente la performance organisationnelle grâce à la synergie des perspectives diverses et contribue à cultiver une société plus équitable et juste. En essence, la poursuite d'une visibilité précise de la diversité devient un catalyseur pour une transformation sociétale plus large, favorisant des environnements où la richesse de la différence humaine n'est pas seulement tolérée mais célébrée comme une source d'innovation, de créativité et de progrès collectif (Morris, 2021). La *Figure 9* ci-dessous décrit un tableau du parcours de diversité, d'équité et d'inclusion (DEI) et les mythes qui l'entourent.

Figure 8 Source: Diversity Factor

Conclusion

Ce chapitre, "*Le Facteur de Visibilité : Rendre la Diversité Visible et Valorisée*", explore de manière exhaustive le rôle crucial de la visibilité dans la promotion d'une véritable diversité et inclusion au sein des organisations. Le chapitre commence par introduire le concept de diversité cachée, qui englobe les aspects moins visibles de la diversité, tels que les styles cognitifs, les expériences de vie et les origines culturelles. Il souligne que ces éléments cachés ont un impact significatif sur les dynamiques de travail et la performance organisationnelle, mais sont souvent méconnus. Un défi majeur abordé dans le chapitre est la difficulté à reconnaître la diversité cachée. Ce défi découle des préjugés inconscients, d'une emphase excessive sur les traits visibles et d'un manque général de sensibilisation. Le chapitre argue que l'échec à reconnaître la diversité cachée peut conduire à une homogénéisation de la pensée, limitant l'innovation et l'adaptabilité dans notre environnement mondial de plus en plus complexe.

Le texte se penche également sur la théorie du capital humain, discutant de la façon dont l'éducation et les compétences sont liées aux résultats sur le marché du travail. Bien que cette théorie fournisse des aperçus sur la relation entre les capacités individuelles et le succès économique, le chapitre reconnaît les critiques selon lesquelles elle simplifie à l'excès des réalités sociales et économiques complexes. Le chapitre souligne l'importance de rendre la diversité véritablement visible, ce qui va au-delà de la simple représentation. Il appelle à une compréhension et une intégration plus profonde des aspects visibles et invisibles de la diversité. Cette approche nécessite de créer des environnements inclusifs, de mettre en œuvre des systèmes équitables, de promouvoir l'éducation et la sensibilisation, et d'assurer un engagement fort du leadership.

Plusieurs idées reçues sur la diversité sont remises en question, notamment la notion que la diversité ne concerne que la race et le genre et que la diversité équivaut automatiquement à l'inclusion. Le chapitre insiste sur le fait que la véritable visibilité de la diversité nécessite un effort continu et une intégration dans tous les aspects de la culture et des opérations organisationnelles. En conclusion, Le chapitre présente une vision nuancée et holistique de la visibilité de la diversité. Il soutient qu'en reconnaissant et en valorisant toutes les formes de diversité, les organisations peuvent améliorer leur performance et contribuer à une société plus équitable et juste. Le chapitre dépeint finalement la poursuite d'une véritable visibilité de la diversité comme un voyage continu qui peut transformer à la fois les organisations et les structures sociétales plus larges, favorisant des environnements où les différences humaines sont célébrées comme sources d'innovation et de progrès.

Chapitre 13

L'argument commercial en faveur de la diversité visible

Un lieu de travail diversifié est de plus en plus reconnu comme essentiel au succès des entreprises, offrant des avantages tangibles tels qu'une meilleure prise de décision, une rentabilité accrue et une innovation renforcée. McKinsey rapporte que les organisations dont la diversité raciale et ethnique est élevée ont 35 % plus de chances de générer des rendements financiers supérieurs à leurs médianes nationales respectives du secteur. De plus, les entreprises diversifiées en termes de genre ont 15 % plus de chances de surpasser leurs concurrents. Ces données démontrent les avantages considérables que la diversité peut avoir sur les résultats financiers d'une entreprise. Voici quelques raisons convaincantes pour lesquelles la diversité visible est essentielle pour les entreprises.

Innovation et créativité

La diversité au sein de la main-d'œuvre n'est pas qu'un simple mot à la mode ; c'est un catalyseur d'innovation qui enflamme l'étincelle créative au sein des organisations. En réunissant des individus aux origines et aux expériences diverses, les entreprises cultivent un terrain fertile pour la créativité et la résolution de problèmes. Cet environnement hétérogène de perspectives engendre un véritable creuset de créativité, propulsant les entreprises vers des territoires d'innovation inexplorés. Des études corroborent cette notion, révélant que les organisations disposant de sociétés inclusives ont 1,7 fois plus de chances d'émerger comme pionnières en matière d'innovation (Dosiak, 2023). Selon Levine (2020), la synergie des esprits diversifiés catalyse la genèse de concepts et de solutions novateurs, alimentant le développement de produits et services révolutionnaires qui captent le marché.

Les avantages tangibles de la diversité s'étendent au-delà de la simple imagination, se manifestant par des gains financiers substantiels. Des preuves empiriques soulignent la corrélation entre la diversité et les revenus générés par l'innovation. Les entreprises dotées d'échelons de gestion diversifiés ont démontré une propension remarquable à générer 38 % de revenus supplémentaires grâce à des offres innovantes par rapport à leurs homologues moins diversifiés (Catalyst, 2020 ; Lorenzo et al., 2017). Ce phénomène ne se limite pas aux échelons supérieurs ; la diversité visible imprègne l'organisation, favorisant un environnement où une myriade de perspectives convergent pour donner naissance à des solutions innovantes. Dans le marché mondial interconnecté d'aujourd'hui, où l'adaptabilité et l'innovation règnent en maîtres, les équipes diversifiées servent d'avant-garde du progrès. Praveenadevi & Girimurugan (2019) notent que la capacité des organisations à conceptualiser et à actualiser des approches diverses les positionne à l'avant-garde du développement de produits et de l'innovation de services, conduisant potentiellement à une expansion de la part de marché et à une augmentation des flux de revenus.

Prise de décision et résolution de problèmes

La diversité émerge comme l'étoile polaire guidant les organisations à travers les eaux périlleuses de la prise de décision d'entreprise complexe. L'amalgame de perspectives multiples au sein d'équipes diversifiées engendre un affichage cognitif, illuminant le chemin vers des choix judicieux. Cette abondance de points de vue équipe les entreprises d'un arsenal sans pareil pour affronter et vaincre les défis à têtes multiples qui les assaillent. En tirant parti de cette hétérogénéité cognitive, les organisations peuvent explorer un panorama expansif de solutions potentielles, élaborant des décisions plus judicieuses et mieux informées (Dosiak, 2023 ; Catalyst, 2020). L'interaction synergique d'esprits divers est un réceptacle pour l'innovation, forgeant des stratégies robustes qui peuvent résister à la mise en œuvre dans le monde réel.

Le spectre de la pensée de groupe, cette maladie insidieuse qui tourmente les équipes homogènes, trouve son destin dans la diversité. Là où la pensée monolithique engendre la complaisance et la myopie, les équipes diversifiées cultivent un terrain fertile pour l'analyse critique et l'examen rigoureux. Cette charge intellectuelle soumet les idées à des perspectives diverses, les tempérant en solutions plus résilientes et productives. Les décisions qui en résultent, affinées par la pierre de la critique diverse, émergent plus fortes et plus adaptables aux vents capricieux des forces du marché (Catalyst, 2020 ; Levine, 2020). En favorisant un environnement où la dissidence est tolérée et célébrée, les organisations peuvent s'immuniser contre les effets pernicieux de la pensée de groupe, traçant une voie vers des paradigmes de prise de décision plus innovants et efficaces.

L'approche holistique engendrée par les équipes diversifiées sert de panacée aux défis multiformes qui confrontent les entreprises modernes. En tissant une tapisserie d'expériences et de perspectives variées, ces équipes peuvent élaborer des décisions qui résonnent avec un spectre plus large de parties prenantes. Cette méthodologie globale améliore l'efficacité de la résolution de problèmes et imprègne la prise de décision d'une sensibilité accrue aux risques et opportunités potentiels. Les preuves empiriques corroborent cette affirmation, démontrant que les équipes diversifiées excellent dans l'identification et l'atténuation des risques, élevant le processus de prise de décision stratégique à de nouveaux sommets de sophistication (Praveenadevi & Girimurugan, 2019). En embrassant la diversité, les organisations peuvent transcender les limites de la pensée insulaire, prenant des décisions qui reflètent les besoins multicolores de leur base de clients et les positionnant à l'avant-garde de l'innovation et de la réactivité du marché.

Performance financière

Dans l'arène impitoyable de la concurrence des entreprises, la diversité est devenue l'arme secrète qui propulse les organisations vers des sommets inédits de succès financier. La corrélation entre un leadership hétérogène et la performance financière n'est pas une simple conjecture, mais une réalité statistiquement prouvée. Les recherches révolutionnaires de McKinsey mettent en lumière ce phénomène, révélant que les entreprises dotées de diversité ethnique et culturelle dans leurs échelons exécutifs ont 36 % plus de chances de surpasser leurs pairs en termes de rentabilité (Fertifa, 2024). Cet avantage financier découle des perspectives kaléidoscopiques que les équipes diversifiées apportent, leur permettant de naviguer avec une maîtrise inégalée dans les complexités labyrinthiques des marchés mondiaux. En exploitant la puissance de la diversité, ces organisations ne se contentent pas de survivre ; elles prospèrent, surpassant leurs homologues homogènes dans la quête incessante de l'excellence financière.

Le lien entre diversité et expansion des marchés est une relation symbiotique qui alimente une croissance exponentielle. Une main-d'œuvre qui reflète le tissu multifacette de la société possède une capacité innée à décrypter et à répondre aux besoins nuancés d'une clientèle diversifiée (Dosiak, 2023). Cette compréhension empathique transcende la simple analyse de marché, forgeant des liens profonds avec divers segments de clientèle. La synergie résultante non seulement catalyse la conquête de nouveaux marchés, mais renforce également la fidélité des clients, créant un cycle vertueux de croissance et de satisfaction. De plus, les dividendes réputationnels de la diversité sont inestimables, attirant les talents de premier plan et les clients avisés qui accordent une grande importance à l'inclusivité

(Praveenadevi & Girimuran, 2019). Dans ce paradigme, la diversité se métamorphose d'une obligation morale en une impératif stratégique, un aimant guidant les organisations vers des territoires inexplorés de succès et d'innovation.

Attraction et rétention des talents

La diversité émerge comme l'ultime atout dans la lutte acharnée pour le capital intellectuel, transformant les organisations en phares de progrès et de solidité éthique. L'attrait d'un environnement de travail hétérogène s'avère irrésistible pour la crème de la crème des chercheurs d'emploi, avec 76 % des candidats citant la diversité de la main-d'œuvre comme un facteur déterminant dans leurs délibérations professionnelles (Dosiak, 2023 ; Fertifa, 2024). Cette force d'attraction ne se limite pas au recrutement, elle imprègne également le tissu même de la culture organisationnelle pour favoriser un environnement d'inclusivité et de reconnaissance. La hausse conséquente de la satisfaction au travail se transforme en un rempart contre la rotation du personnel, réduisant de manière significative les coûts financiers et temporels liés aux cycles de recrutement continus (Dosiak, 2023 ; Ociti, 2023). Ainsi, la diversité transcende son rôle d'impératif moral, évoluant en un pilier stratégique qui attire et retient les esprits les plus brillants, créant un écosystème auto-suffisant d'innovation et d'engagement qui propulse les organisations vers un succès inégalé.

Réputation et conformité

Dans le milieu des affaires contemporain, les organisations qui prônent la diversité et l'inclusion sont saluées par les consommateurs et les parties prenantes, générant une image de marque positive et renforçant leur réputation (Androes, 2023). Cet ethos d'inclusivité ne s'aligne pas seulement sur les exigences légales, mais cultive également un sens de responsabilité sociale, évitant ainsi les conflits potentiels (Dosiak, 2023). L'intégration de la diversité visible dans le tissu organisationnel constitue un avantage concurrentiel redoutable. Les entreprises qui embrassent pleinement la diversité sont souvent perçues comme des bastions d'innovation et d'adaptabilité, des qualités essentielles dans le paysage commercial volatil d'aujourd'hui. Une telle culture inclusive agit comme un aimant pour les talents de premier plan et renforce la capacité de l'entreprise à réagir avec agilité aux fluctuations du marché et aux exigences des clients (Praveenadevi & Girimurugan, 2019).

La diversité visible s'impose comme un acteur clé d'une stratégie d'affaires réussie ; elle catalyse l'innovation, affine les processus de prise de décision, améliore la performance financière et renforce la position de l'entreprise. Ces innombrables avantages présentent un argument irréfutable en faveur de la priorité et de l'investissement des organisations dans des initiatives de diversité et d'inclusion. En cultivant un environnement de travail hétérogène et accueillant, les entreprises peuvent libérer l'innovation, prendre des décisions plus judicieuses et atteindre un succès financier sans précédent. Le cœur du problème est clair : la diversité n'est pas seulement une exigence morale, mais un besoin stratégique dans le monde impitoyable des affaires modernes. La *figure 10* ci-dessous montre la complexité de la diversité.

Figure 9 Source: Priya Pendharkar

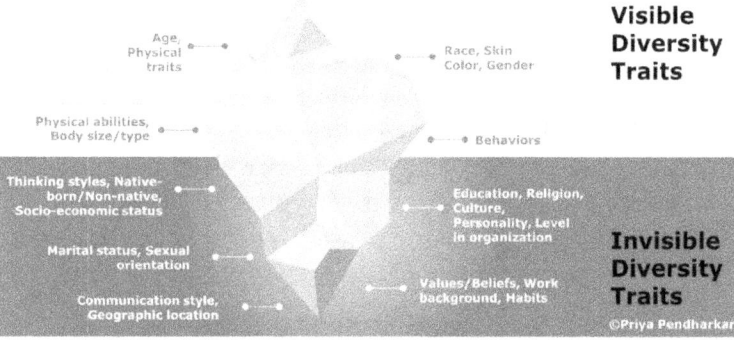

Obstacles à la visibilité : Biais inconscients et problèmes systémiques

Il est difficile de réellement valoriser la diversité sur le lieu de travail en raison des obstacles à la visibilité, des biais inconscients et des problèmes systémiques. Ces obstacles peuvent affecter négativement l'engagement des employés, le recrutement, les promotions et l'implication des employés. Les biais inconscients se réfèrent aux associations et attitudes automatiques et implicites des personnes à l'égard des autres, fondées sur la race, le sexe, l'âge ou l'apparence. Ces biais peuvent influencer les décisions et les actions sans que l'individu en soit conscient. Sur le lieu de travail, ces préjugés inconscients peuvent entraîner un traitement injuste et des opportunités manquées pour certains groupes, perpétuant ainsi l'inégalité.

Obstacles à la visibilité

Dans le domaine complexe des équipes diversifiées, les barrières linguistiques et les modes de communication disparates peuvent engendrer des obstacles profonds à la collaboration synergique. Les employés qui luttent avec des lacunes linguistiques dans la langue dominante peuvent être captivés par une articulation maladroite, entraînant un cycle néfaste de malentendus et d'ostracisme involontaire lors des dialogues essentiels (Usanmaz, 2024 ; Craig, 2022). Cette difficulté est encore exacerbée par la présence insidieuse des stéréotypes et préjugés, qui agissent comme des entraves cognitives, limitant la reconnaissance et l'appréciation des perspectives diversifiées. Ces attitudes myopes non seulement freinent l'épanouissement de l'innovation, mais étouffent également l'essence même de la créativité que la diversité vise à nourrir, selon Craig.

Le spectre du symbolisme plane sur les organisations qui cèdent à la tentation des initiatives de diversité superficielles. En se contentant de recruter des individus issus de groupes sous-représentés pour satisfaire des quotas arbitraires, ces entités perpétuent involontairement une façade d'inclusivité sans véritablement intégrer ces voix dans le processus décisionnel (Brownlee, 2019). Cette approche superficielle de la diversité compromet le potentiel d'une représentation authentique et engendre un sentiment généralisé d'invisibilité et d'impuissance chez ces employés. Les répercussions de ces pratiques superficielles de diversité se font sentir à travers tout l'écosystème organisationnel, érodant la confiance, réprimant l'innovation, et compromettant finalement le tissu même du succès collaboratif.

Biais inconscient

Le spectre éthéré du biais inconscient imprègne la psyché humaine, se manifestant sous forme de jugements involontaires et subliminaux basés sur des stéréotypes profondément enracinés. Cette ombre cognitive plane sur les décisions organisationnelles cruciales, allant du recrutement à l'évaluation des performances, jusqu'à la promotion. La nature insidieuse de ces biais tend souvent à favoriser les candidats qui reflètent les attributs des décideurs, perpétuant ainsi un cycle d'homogénéité (Goodtalent Corporation, 2023 ; Circle Vantage, 2023). Le lieu de travail devient alors un théâtre où ces biais se jouent sous diverses formes : l'attrait séduisant du biais d'affinité, le piège cognitif du biais de confirmation, et l'attrait superficiel du biais de beauté, chacun tissant sa toile de préjugés et de préférences, comme le commente Circle Vantage.

Les répercussions de cette myopie cognitive résonnent à travers l'écosystème organisationnel avec des conséquences profondes. La marche inexorable vers une homogénéité des équipes étouffe la diversité qu'elle prétend cultiver, tandis que l'érosion insidieuse du moral des employés précipite un véritable exode de talents. Ceux qui observent le biais perçu peuvent ressentir un profond sentiment de désengagement et de dévalorisation, leur productivité et leur esprit d'innovation flétrissant sous le regard dur du préjugé inconscient (Goodtalent Corporation, 2023 ; Buchholz, 2023). Ce brouillard toxique de biais appauvrit non seulement la culture organisationnelle, mais impose également un lourd tribut au potentiel collectif de la main-d'œuvre, sapant les fondements mêmes du succès et de l'innovation que la diversité vise à renforcer.

Problèmes systémiques

Dans le panthéon des obstacles organisationnels, la discrimination systémique règne en maître, ses tentacules s'entremêlant dans le tissu même des pratiques et politiques institutionnelles. Cette force pernicieuse crée un paysage où certains groupes démographiques se retrouvent inexorablement désavantagés, leur potentiel étouffé par des processus de recrutement qui favorisent inconsciemment l'homogénéité et des cultures d'entreprise qui rejettent les méthodologies diverses (People Hum, 2024). Le spectre de l'inertie institutionnelle pèse lourd, se manifestant comme une lutte sisyphéenne contre des politiques qui, bien qu'ostensiblement progressistes, s'avèrent souvent n'être que des effigies d'inclusivité, privées de tout impact substantiel (Allison, 1999). Cette sclérose organisationnelle est aggravée par une résistance omniprésente au changement, un rempart cognitif érigé par les employés et les dirigeants, enraciné dans une profonde incompréhension de la valeur de la diversité ou dans une peur primitive de la transformation. Une telle obstination constitue un obstacle redoutable à un discours constructif et à la création d'un environnement véritablement inclusif, figé dans le statu quo et entravant la réalisation du potentiel transformateur de la diversité (Embracing Equity, 2024).

Stratégies pour surmonter les obstacles

Dans le creuset de la transformation organisationnelle, la mise en place de formations sur la prise de conscience des biais émerge comme un puissant catalyseur de changement, ses éclaircissements imprégnant la moelle de la culture d'entreprise. Cette odyssée pédagogique, associée à une recalibration judicieuse des pratiques de recrutement, constitue un rempart contre l'insidieuse progression des préjugés inconscients (Circle Vantage, 2023 ; Buchholz, 2023). L'apothéose de cette métamorphose réside dans le domaine du leadership inclusif, où les parangons d'équité modèlent des comportements qui transcendent le simple symbolisme, brandissant l'étendard de la responsabilité comme une boussole pour l'évolution organisationnelle. Par leur engagement indéfectible à démanteler les barrières systémiques, ces pionniers de l'inclusivité deviennent les alchimistes de la culture d'entreprise, transformant un potentiel latent en progrès tangible (Embracing Equity, 2024 ; McKinsey & Company, 2020).

L'épanouissement d'un dialogue ouvert sert de creuset où les résistances sont purgées, donnant naissance à une culture qui non seulement tolère, mais vénère activement la tapisserie kaléidoscopique des perspectives diversifiées. Cette alchimie discursive favorise un profond sentiment d'appartenance, un foyer commun où chaque voix trouve une résonance et chaque perspective, une validation (Embracing Equity, 2024 ; People Hum, 2024). Alors que les organisations naviguent sur le chemin sinueux vers une véritable inclusivité, elles forgent un lieu de travail où la diversité n'est pas seulement visible, mais profondément valorisée, ses multiples facettes reflétant le potentiel prismatique du capital humain. Dans ce creuset d'équité, les obstacles qui se dressaient autrefois comme des sentinelles implacables du statu quo sont transmutés en tremplins, propulsant l'organisation vers un avenir où la diversité n'est pas qu'un mot à la mode, mais le cœur même de l'innovation et du succès. La *figure 11* ci-dessous présente des exemples de biais inconscients sur le lieu de travail.

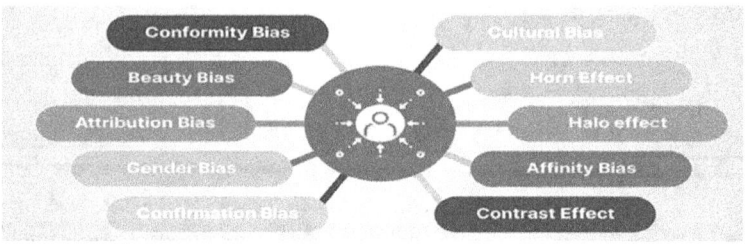

Figure 10 Source: mPower eLearning

Conclusion

Ce chapitre, intitulé « L'argument commercial en faveur de la diversité visible », explore de manière exhaustive pourquoi la diversité est à la fois une exigence morale et un facteur crucial de succès en affaires. Il commence par mettre en évidence les avantages concrets de la diversité en milieu de travail, tels qu'une innovation renforcée, une prise de décision améliorée et une meilleure performance financière. Il cite des recherches montrant que les organisations présentant une forte diversité raciale et ethnique ont 35 % plus de chances de surpasser financièrement leurs pairs du secteur.

Un point clé du chapitre est la manière dont la diversité alimente l'innovation et la créativité. Il explique que les équipes diversifiées sont plus susceptibles de générer des idées et des solutions novatrices, conduisant au développement de produits et services révolutionnaires. Cette approche axée sur l'innovation peut se traduire par des gains financiers considérables, les entreprises diversifiées générant jusqu'à 38 % de revenus supplémentaires grâce à des offres innovantes.

Le chapitre souligne également le rôle de la diversité dans l'amélioration de la prise de décision et de la résolution de problèmes. Les équipes diversifiées sont plus efficaces pour analyser des questions complexes sous différents angles, conduisant à des décisions plus solides et mieux informées. Cette diversité de pensée aide les organisations à éviter les pièges du conformisme et à mieux s'adapter aux défis du marché.

La performance financière est un autre domaine où la diversité prouve sa valeur. Le chapitre cite des études montrant que les entreprises ayant une direction diversifiée ont beaucoup plus de chances de surpasser leurs homologues moins diversifiés en termes de rentabilité. Cet avantage financier est attribué à la capacité des équipes diversifiées à comprendre et à répondre à une clientèle plus large, élargissant ainsi leur portée sur le marché et renforçant la fidélité des clients.

Le chapitre aborde également l'impact de la diversité sur l'attraction et la rétention des talents. Il note qu'un lieu de travail diversifié est de plus en plus important pour les chercheurs d'emploi, 76 % des candidats prenant en compte la diversité de la main-d'œuvre lorsqu'ils évaluent des offres d'emploi. Cet accent mis sur la diversité aide à recruter les meilleurs talents et à retenir les employés en créant un environnement de travail plus inclusif et satisfaisant.

Cependant, le chapitre n'élude pas les défis liés à la mise en œuvre des initiatives de diversité. Il aborde les obstacles à la visibilité, tels que les biais inconscients et les problèmes systémiques, qui peuvent entraver la pleine réalisation des avantages de la diversité. Le chapitre propose des stratégies pour surmonter ces obstacles, notamment la formation à la prise de conscience des biais, des pratiques de leadership inclusif et la promotion d'un dialogue ouvert.

En conclusion, Le chapitre présente un argument convaincant en faveur de la diversité visible en affaires. Il soutient que la diversité ne se résume pas à atteindre des quotas ou à répondre à des exigences légales, mais qu'elle consiste à créer une culture organisationnelle dynamique, innovante et performante. En embrassant la diversité, les entreprises peuvent améliorer leurs processus de décision, accroître leur performance financière, attirer les meilleurs talents et se positionner pour réussir dans un marché de plus en plus global et diversifié. Le chapitre dépeint finalement la diversité comme un moteur clé du succès en affaires, exhortant les organisations à la considérer comme une priorité stratégique dans le paysage concurrentiel d'aujourd'hui.

Chapitre 14
Stratégies pour Accroître la Visibilité

La visibilité de la diversité est essentielle pour favoriser un environnement de travail inclusif et équitable au sein des organisations. Lorsque des individus issus de divers horizons sont visibles dans le milieu de travail, cela peut inspirer les autres et démontrer que le succès est possible pour tous, quel que soit leur parcours. Cette visibilité conduit souvent à des opportunités accrues de mentorat et de développement professionnel. Par conséquent, elle peut aider à briser les barrières et à ouvrir la voie à une culture organisationnelle plus inclusive et équitable. Les organisations peuvent améliorer la diversité, la visibilité et la valorisation en mettant en œuvre plusieurs stratégies de leadership.

Selon O'Brien (2015), l'objectif d'un personnel néonatal inclusif ne peut être atteint qu'en augmentant la diversité à tous les niveaux d'éducation, de l'école primaire au fellowship. Des efforts délibérés sont nécessaires pour accroître la visibilité de la Médecine Néonatale et Périnatale (MNP) en tant que parcours professionnel gratifiant, offrant des opportunités significatives de contribuer à sa communauté. Les premiers apprenants peuvent être engagés grâce à la participation communautaire, au mentorat, au lobbying et à la promotion de la représentation de la MNP dans les écoles locales, les programmes STEM et les programmes d'enrichissement (Vick et al., 2018).

Leadership & Politiques et Pratiques Inclusives

Obtenir une adhésion inébranlable des échelons supérieurs de la direction est primordial pour favoriser une atmosphère propice aux initiatives de diversité. Les organisations peuvent accentuer l'importance de ces efforts en obtenant l'approbation du Directeur Général et du Conseil d'Administration, et en les intégrant à chaque niveau de la structure corporative (Dorsey et al., 2022).

Cette approche descendante sert de guide pour l'ensemble des employés vers un avenir plus inclusif. Simultanément, selon Ismail & Latiff (2019), il est impératif de constituer des équipes de direction qui reflètent la diversité de la société, incluant une variété de genres, d'âges, d'ethnicités et d'autres caractéristiques distinctives.

Les organisations doivent mettre en place des politiques et pratiques inclusives pour transformer ces idéaux ambitieux en réalité tangible. La pierre angulaire de cet édifice réside dans l'élaboration de protocoles complets de diversité, d'équité et d'inclusion (DEI). Ces politiques doivent répondre aux exigences professionnelles et personnelles, offrir des modalités de travail flexibles et un soutien solide, entre autres dispositions (Dorsey et al., 2022). Complétant ces efforts, l'adoption de la budgétisation sensible au genre émerge comme un outil puissant dans la quête de l'égalité. Cette approche innovante permet aux organisations d'examiner et de réajuster minutieusement leurs allocations budgétaires, garantissant que la parité entre les sexes ne soit pas seulement un concept abstrait, mais une priorité financière concrète. Ce faisant, les entreprises peuvent répondre plus efficacement aux besoins variés de l'ensemble de leur personnel, favorisant un environnement où chaque individu peut s'épanouir, selon Paoloni et al. (2023).

Engagement et Participation des Employés

Exploiter l'intelligence collective des employés est essentiel pour concevoir et mettre en œuvre des initiatives de diversité en adéquation avec l'esprit de l'organisation. En sollicitant les points de vue éclairés des employés de tous horizons, les entreprises peuvent susciter un sentiment d'appartenance et s'assurer que ces programmes ne soient pas de simples formules, mais qu'ils reflètent véritablement les besoins et aspirations du personnel (Dorsey et al., 2022). Cette approche participative peut être renforcée par la création de groupes de ressources pour les employés, qui servent de plateformes de soutien et de réseautage pour les groupes sous-représentés au sein du milieu de travail. Ces enclaves de solidarité favorisent un sentiment d'appartenance et agissent comme incubateurs d'idées innovantes pouvant se diffuser dans toute l'organisation.

Pour renforcer ces efforts, il est impératif d'instituer des sessions de formation régulières sur la diversité qui agissent comme des creusets d'éveil. Ces initiatives éducatives doivent explorer les nuances de la diversité, exposer les biais inconscients et éclairer le chemin vers des pratiques plus inclusives, selon Dorsey et al. (2022). En complément de ces efforts moraux, la mise en œuvre de programmes de mentorat robustes apparaît comme un pilier pour favoriser la croissance professionnelle des employés issus de la diversité. En jumelant des novices avec des vétérans chevronnés, les organisations peuvent créer un terrain fertile pour développer des compétences en leadership, préparant ainsi un groupe diversifié d'individus à gravir les échelons corporatifs et à occuper des postes d'influence (Dorsey et al., 2022). Cette approche multifacette enrichit le paysage organisationnel actuel et prépare le terrain pour un avenir plus équitable et dynamique.

Utilisation de la Technologie et des Données

À l'avant-garde de l'innovation technologique, l'intelligence artificielle (IA) s'est imposée comme un partenaire puissant dans la quête de procédures de recrutement plus équitables. Les organisations peuvent coordonner leurs stratégies d'acquisition de talents en utilisant des solutions basées sur l'IA, effectuant un changement de paradigme en anonymisant efficacement les candidatures et en menant des évaluations basées sur les compétences, dépassant ainsi les limites des biais humains (Sharma et al., 2024). Cette transformation numérique modifie le processus de recrutement et étend son influence transformative à l'évaluation des performances, favorisant un écosystème méritocratique où le talent prime. Cependant, cette panacée technologique n'est pas sans ses réserves ; la mise en œuvre d'outils basés sur l'IA nécessite un équilibre délicat entre la transparence des algorithmes et la préservation de la confidentialité des données. Naviguer dans ces complexités nécessite une approche mesurée qui exploite le potentiel de l'IA tout en restant vigilant face à ses implications éthiques.

Pour garantir l'efficacité de ces initiatives en matière de diversité, il est essentiel de mettre en place un cadre solide pour le suivi et la communication des indicateurs de diversité. Cette approche axée sur les données sert de boussole, guidant les organisations à travers les eaux tumultueuses du changement et permettant des ajustements en temps réel (Ismail & Latiff, 2019). En suivant et en diffusant régulièrement ces indicateurs, les entreprises peuvent évaluer l'efficacité de leurs programmes de diversité et identifier les domaines à améliorer. Ce processus itératif d'évaluation et d'ajustement crée une boucle de rétroaction qui propulse l'organisation vers un avenir plus inclusif. Grâce à cette interface entre technologie de pointe et analyse minutieuse des données, les organisations peuvent tracer une voie vers un environnement de travail qui embrasse la diversité et en exploite le pouvoir en tant que catalyseur d'innovation et de croissance.

Engagement Communautaire et Culturel

Établir des alliances mutuellement bénéfiques avec des organisations locales et civiques devient un catalyseur pour amplifier les initiatives de diversité et créer un terrain fertile permettant aux populations défavorisées de s'épanouir professionnellement (Tsai, 2015). Cette synergie collaborative enrichit non seulement le portefeuille de diversité de l'organisation, mais agit également comme un vecteur de relèvement social, créant un effet d'entraînement qui dépasse le cadre de l'entreprise. Simultanément, l'utilisation judicieuse des médias et des canaux de communication est devenue un outil puissant dans la promotion de la citoyenneté culturelle. En mettant en lumière des récits culturels diversifiés et en augmentant la visibilité des groupes sous-représentés, les organisations peuvent orchestrer un changement de paradigme dans les perceptions sociétales et favoriser une conscience collective plus inclusive (Ramon & Rojas-Torrijos, 2023).

La nécessité de cultiver la diversité dépasse les frontières du lieu de travail, imprégnant le tissu même des réseaux sociaux et professionnels. Adetayo (2022) observe avec perspicacité que même des modifications apparemment insignifiantes peuvent provoquer des changements profonds dans les dynamiques organisationnelles. Il est évident que des réseaux homogènes peuvent étouffer la créativité et perpétuer des chambres d'écho, où les opinions existantes sont renforcées et les idées alternatives sont ignorées plutôt que prises en compte. Cette absence de diversité limite le réservoir d'idées et de perspectives et freine la capacité de l'organisation à innover et à s'adapter dans un paysage mondial de plus en plus complexe. En élargissant consciemment leurs horizons de diversité, tant à l'intérieur qu'à l'extérieur du lieu de travail, les organisations peuvent puiser dans une source inépuisable de solutions et d'approches uniques que les équipes diversifiées apportent invariablement. Passer des concepts théoriques à la mise en œuvre pratique de ces stratégies de renforcement de la diversité favorise un environnement plus inclusif et stimule le développement d'une culture organisationnelle dynamique et inventive, capable de naviguer dans les complexités du paysage commercial actuel avec agilité et finesse.

Mesurer l'Impact : Indicateurs pour une Diversité Visible

L'impact des initiatives de diversité visible sur l'inclusion et le progrès doit être mesuré pour les organisations qui souhaitent favoriser l'inclusivité et montrer des avancées. Mesurer efficacement les efforts de diversité ajoute de la crédibilité et permet la responsabilité et la prise de décisions basées sur les données. Cela permettra aux organisations de suivre et d'évaluer les progrès et les repères pour mesurer l'efficacité de leurs initiatives. Cela permet également aux organisations d'identifier les domaines à améliorer et de cibler les ressources de manière plus efficace.

Indicateurs Clés pour Mesurer la Diversité

Plongez dans l'intricate tapisserie de la composition démographique de votre main-d'œuvre. Scrutez les dimensions variées de la diversité, englobant la race, le genre, l'âge, l'orientation sexuelle et le statut de handicap. Juxtaposez le regroupement de vos employés par rapport au vivier de candidats pour déceler d'éventuels biais latents dans vos processus de recrutement (Riche & Kraus, 2009 ; Avery et al., 2023). Simultanément, analysez les taux de rétention parmi les cohortes diverses pour éclairer les éventuelles fissures dans la culture du lieu de travail ou l'inclusivité (Nucamp, 2024 ; Employment Hero, 2022). Examinez l'équité des opportunités d'avancement en suivant de manière méticuleuse les profils démographiques de ceux qui gravissent les échelons de l'entreprise. Toute disparité discernable dans les taux de promotion entre différents groupes démographiques peut signaler des biais sous-jacents nécessitant une correction immédiate (Employment Hero, 2022 ; Lee, 2023).

Engagez-vous dans un examen approfondi de l'équité salariale à travers les strates démographiques pour garantir des pratiques de compensation équitables. Cette approche implique de comparer méticuleusement les salaires et les primes parmi les employés occupant des rôles similaires et ayant des responsabilités comparables (Wellhub, 2023 ; Lee, 2023). Exploitez le pouvoir des retours d'expérience des employés par le biais d'enquêtes pour évaluer les niveaux de satisfaction et les perceptions de l'inclusivité. Utilisez des outils tels que le Net Promoter Score des employés (eNPS) pour obtenir des informations précieuses sur la manière dont les employés divers se sentent réellement valorisés et intégrés dans le tissu organisationnel (Göddert, 2024 ; Wellhub, 2023).

Tournez votre regard analytique vers les échelons de la direction pour vous assurer qu'ils reflètent la démographie plus large de la main-d'œuvre. Suivez la représentation des femmes et des minorités dans les postes de direction avec une diligence sans faille (Riche & Kraus, 2009 ; Avery et al., 2023). Enfin, jetez un œil attentif à la diversité des employés qui quittent l'organisation. Scrutez les statistiques de turnover pour identifier toute représentation disproportionnée de certains groupes, car cela peut révéler des problèmes systémiques affectant la rétention (Göddert, 2024). En adoptant ces approches multifacettes, les organisations peuvent cultiver un écosystème de travail plus inclusif, équitable et diversifié.

Approches pour Mesurer la Diversité

Examinez les complexités de la diversité organisationnelle à travers une lentille intersectionnelle, en disséquant méticuleusement l'interaction multifacette des identités. Cette approche nuancée transcende les catégorisations démographiques simplistes, révélant l'intricate tapisserie de la race, du genre et d'autres facteurs qui façonnent les expériences des employés. Les organisations peuvent déceler des biais latents et des corrélations qui pourraient rester obscurs en amalgamant les indicateurs de diversité avec une panoplie de données organisationnelles, d'évaluations de performance, de dossiers RH et au-delà. Cette intégration synergique des données éclaire les disparités subtiles mais omniprésentes dans les opportunités et les résultats, permettant aux décideurs de créer des écosystèmes de travail plus équitables et inclusifs, selon (Avery et al., 2023 ; YSC Consulting d'Accenture, 2022).

Évaluations Qualitatives & Suivi

Transcendez les analyses démographiques rudimentaires en adoptant la toile complexe de l'intersectionnalité. Explorez l'interaction multifacette des identités, comme le lien entre la race et le genre, pour découvrir les profondes complexités des dynamiques de diversité au sein de votre milieu organisationnel (Avery et al., 2023 ; YSC Consulting d'Accenture, 2022). Parallèlement, orchestrez une intégration harmonieuse des indicateurs de diversité avec une exposition de données organisationnelles, englobant les évaluations de performance et les dossiers RH. Cette amalgamation révèle des corrélations cryptiques et des biais potentiels cachés dans le labyrinthe des opportunités et des résultats, selon Avery et ses collègues. En adoptant cette approche holistique, les organisations peuvent cultiver une compréhension plus nuancée de leur paysage de diversité, ouvrant la voie à des interventions ciblées et à des progrès significatifs.

Augmentez votre arsenal quantitatif avec des informations qualitatives provenant de groupes de discussion et d'interviews approfondies. Ces explorations ethnographiques éclairent les expériences vécues des employés divers, révélant des vérités cachées et des domaines propices à l'amélioration (Human Capital Firm, 2023). Rappelez-vous que les indicateurs de diversité ne sont pas des constructions statiques mais des entités dynamiques nécessitant un examen vigilant. Mettez en œuvre un régime de suivi continu, en mettant régulièrement à jour et en examinant ces indicateurs pour suivre les progrès au fil du temps. Cette évaluation perpétuelle sert de test pour la responsabilité et de catalyseur pour une amélioration incessante (Coalition for Diversity in Real Estate, 2024). En utilisant cet ensemble d'outils complet, les organisations peuvent efficacement évaluer l'impact de leurs initiatives en matière de diversité, identifier les domaines à améliorer et s'assurer que leurs efforts inspirent un changement transformationnel. La route vers un lieu de travail pleinement inclusif est un marathon, nécessitant un engagement persistant et une adaptation aux circonstances changeantes.

Le Rôle du Leadership dans la Promotion de la Visibilité

Le leadership est essentiel pour promouvoir la visibilité, notamment en ce qui concerne la diversité. Les dirigeants peuvent accroître la visibilité organisationnelle en mettant en œuvre des stratégies qui mettent en lumière et promeuvent la diversité, car une visibilité accrue pour les groupes divers favorise un environnement de travail plus inclusif où chacun se sent valorisé et respecté. Cette approche encourage des perspectives variées, conduisant à une résolution de problèmes et une prise de décisions plus innovantes. Elle peut également améliorer le moral du personnel et la rétention en montrant un engagement envers la diversité et l'inclusion.

Stratégies pour Améliorer la Visibilité

Dans la dynamique organisationnelle, la promotion de modèles de rôle émerge comme une stratégie puissante pour accroître la visibilité des individus divers. Des dirigeants érudits exploitent cette technique pour mettre en lumière des exemples au sein de leurs échelons d'entreprise, comme en témoigne l'initiative Girls4STEM de l'Université de Valence. Ce programme avant-gardiste, avec son accent sur l'amplification de la notoriété des figures féminines dans les disciplines STEM, sert de phare d'inspiration (Benedicto, 2021). C'est une approche multifacette.

Des dirigeants astucieux tirent parti de la technologie de communication dans des environnements de travail virtuels pour élever les profils des membres de l'équipe ; ils reconnaissent assidûment les contributions et veillent à ce qu'un tableau affichant des voix diverses résonne et soit apprécié au sein de la structure immédiate de l'équipe et dans le panorama organisationnel plus large (Malhotra et al., 2007).

Cultiver un leadership axé sur la diversité est un pilier pour renforcer la résilience organisationnelle et favoriser un environnement propice à la diffusion des connaissances. Ce paradigme amplifie la visibilité et renforce la capacité d'une organisation à s'adapter et à prospérer face à l'adversité (Shafique et al., 2023) ; c'est une approche transformative. En défendant la diversité au niveau du leadership, les organisations catalysent un effet d'entraînement qui imprègne chaque échelon de leur structure. Cette stratégie ne se limite pas à une simple déclaration d'intention en faveur de l'inclusivité ; elle l'intègre dans le tissu même de l'éthique de l'organisation, favorisant un environnement où une myriade de perspectives convergent pour susciter l'innovation et faire avancer le progrès.

Impact sur la Culture Organisationnelle

Dans l'environnement en constante évolution des dynamiques organisationnelles, la présence visible de différents leaders dans des rôles proéminents accélère la métamorphose des paradigmes sociétaux établis. Ce phénomène galvanise un plus large éventail de représentations à travers divers échelons de la société. Un exemple marquant de cet effet transformateur est évident dans le domaine corporatif, où l'émergence de candidates politiques viables a entraîné une augmentation de la représentation des femmes au sein des conseils d'administration des entreprises (Kedia & Pareek, 2020). Un tel changement remet en question le statu quo et engendre un effet d'entraînement, imprégnant les différentes strates des structures organisationnelles.

L'efficacité du leadership joue un rôle clé dans l'orchestration de l'équilibre délicat entre la diversité de fond et la cohésion de groupe. En modérant habilement cette relation complexe, des leaders astucieux peuvent favoriser un environnement où des équipes diverses collaborent de manière synergique vers des objectifs communs. Cette intégration harmonieuse n'est pas seulement une exigence, mais un impératif pour exploiter les innombrables bénéfices de la diversité en matière d'innovation et d'amélioration de la performance (Ahmed et al., 2023). Dans ce contexte, l'application judicieuse de l'intuition de leadership est une pierre angulaire, garantissant que la tapisserie multifacette des perspectives diverses se regroupe en une force unifiée, propulsant le succès organisationnel et l'adaptabilité dans un environnement mondial de plus en plus complexe.

Implications Pratiques pour les Dirigeants

Dans la quête de l'excellence organisationnelle, l'impératif de cultiver des leaders sagaces émerge comme une condition sine qua non pour reconnaître et promouvoir la diversité au sein des équipes. Cette approche multifacette nécessite une compréhension approfondie des défis distincts auxquels sont confrontés les membres divers de l'équipe, accompagnée d'un engagement indéfectible à leur résolution. C'est un changement de paradigme. Ces dirigeants éclairés doivent forger des environnements où un kaléidoscope de perspectives est toléré, activement valorisé et encouragé, et cela implique de créer méticuleusement des politiques et des pratiques qui renforcent la diversité et l'inclusion à tous les niveaux organisationnels. En défendant avec ferveur la diversité et en amplifiant la visibilité, les dirigeants catalysent un impact transformationnel sur leurs organisations. Ils deviennent les alchimistes de l'innovation, les architectes de la performance améliorée et les pionniers d'une éthique de travail plus inclusive. C'est une métamorphose qui résonne à travers chaque échelon de la structure corporative, engendrant un milieu où la diversité est valorisée.

Conclusion

Ce chapitre, intitulé "Stratégies pour Augmenter la Visibilité", explore de manière approfondie l'importance de la visibilité de la diversité au sein du lieu de travail et présente diverses stratégies pour que les organisations l'améliorent. Le chapitre souligne que la visibilité de la diversité favorise un environnement de travail inclusif et équitable. Il met en avant comment la diversité visible peut inspirer les autres, démontrer que le succès est possible pour tous, indépendamment de leur origine, et accroître les opportunités de mentorat et de développement professionnel.

Le chapitre aborde ensuite plusieurs stratégies critiques pour augmenter la visibilité de la diversité :

1. Leadership et Politiques Inclusives : Le chapitre souligne l'importance de l'engagement des niveaux supérieurs envers les initiatives de diversité, y compris l'implication des PDG et des conseils d'administration. Il met également en avant la nécessité de politiques et de pratiques inclusives, telles que des protocoles DEI (diversité, équité et inclusion) complets et la budgétisation genrée.

2. Engagement et Participation des Employés : Le chapitre met en lumière l'importance d'impliquer les employés dans l'élaboration et l'exécution des initiatives de diversité. Il suggère d'établir des groupes de ressources pour les employés, des sessions de formation régulières sur la diversité et des programmes de mentorat comme moyens efficaces d'engager les employés.

3. Utilisation de la Technologie et des Données : Le chapitre discute de la manière dont l'IA peut créer des procédures de recrutement et d'évaluation des performances plus équitables. Il souligne également l'importance de surveiller et de rendre compte des indicateurs de diversité pour suivre les progrès et identifier les domaines à améliorer.

4. Engagement Communautaire et Culturel : La collaboration avec des organisations locales et civiques est présentée comme un moyen d'amplifier les initiatives de diversité. Le chapitre aborde également le rôle des médias dans la promotion de la citoyenneté culturelle et l'importance de réseaux sociaux et professionnels diversifiés.

Le chapitre se transforme ensuite pour discuter de la mesure de l'impact des initiatives de diversité. Il expose les indicateurs clés pour mesurer la diversité, y compris la composition démographique de la main-d'œuvre, les taux de rétention, l'équité salariale et la représentation au leadership. L'importance des évaluations quantitatives et qualitatives et la nécessité d'une surveillance continue sont mises en avant.

Enfin, le chapitre se concentre sur le rôle du leadership dans la promotion de la visibilité. Il discute des stratégies pour améliorer la visibilité, telles que la promotion de modèles de rôle et l'exploitation de la technologie de communication. Le chapitre explore également l'impact de la diversité visible au leadership sur la culture organisationnelle et les implications pratiques pour les dirigeants.

En conclusion, Le chapitre présente une vision globale de la visibilité de la diversité dans le milieu de travail. Il soutient que l'augmentation de la visibilité ne concerne pas seulement la représentation, mais aussi la création d'une culture où la diversité est valorisée, célébrée et exploitée pour le succès organisationnel. Les stratégies exposées guident les organisations pour aller au-delà des initiatives de diversité superficielles afin de créer des environnements véritablement inclusifs. En mettant en œuvre ces stratégies, les organisations peuvent améliorer les indicateurs de diversité, favoriser l'innovation, améliorer la performance et créer un lieu de travail plus équitable pour tous les employés.

Chapitre 15

Créer une Culture de Visibilité : Stratégies à Long Terme

Établir une culture de visibilité au sein d'une organisation vise à favoriser la transparence, la confiance et une prise de décision améliorée. Cette approche est essentielle pour ceux qui aspirent à promouvoir un changement et une transformation durables. Une culture de visibilité est la pierre angulaire pour atteindre ces objectifs ; le changement et la transformation sont difficiles à réaliser sans elle. Ci-dessous, quelques stratégies pour intégrer la visibilité dans la culture organisationnelle.

Comprendre l'Importance de la Visibilité

La visibilité au sein d'un cadre organisationnel transcende la simple transparence ; c'est la force vitale d'une entité prospère. Une entreprise forge une relation de coopération avec ses parties prenantes en éclaircissant ses valeurs essentielles, ses aspirations et ses approches tactiques. Cette omniprésence agit comme un catalyseur, naviguant habilement à travers les complexités labyrinthiques des écosystèmes commerciaux modernes. Elle favorise un environnement propice aux collaborations synergiques et donne aux décideurs une perspective panoramique. À l'inverse, une structure opérationnelle opaque peut engendrer une insularité néfaste entre les départements, amplifiant exponentiellement les facteurs de risque et générant un dilemme d'inefficacités. Les conséquences d'une telle obscurité peuvent être considérables, menaçant potentiellement les fondations sur lesquelles repose le succès organisationnel (Szabados, 2024). Ainsi, l'impératif de la visibilité ne peut être sous-estimé ; c'est la pierre angulaire d'une organisation robuste, adaptable et tournée vers l'avenir.

Stratégies pour Construire une Culture de Visibilité

Cultiver un discours libéré à travers les strates hiérarchiques est primordial pour poursuivre un changement organisationnel. En galvanisant les employés à exprimer leurs idées et en favorisant un climat de propriété, les entreprises peuvent catalyser un changement de paradigme vers la transparence (LeaderFactor, 2023). Parallèlement, le déploiement judicieux d'outils technologiques de pointe sert à amplifier cet ethos d'ouverture. Les plateformes de gestion de projet, par exemple, peuvent expliquer les trajectoires de progrès, les rendant discernables pour tous les membres de l'équipe et renforçant ainsi l'édifice de la conscience collective (Martins, 2024).

 L'association entre l'ethos organisationnel et les objectifs stratégiques ne peut être sous-estimée. Elle nécessite une identification minutieuse et une activation des comportements qui s'alignent avec les aspirations globales de l'entreprise (Deloitte, 2019). Cet alignement doit être renforcé par un engagement indéfectible en faveur de l'amélioration continue, où les boucles de rétroaction sont assidûment intégrées dans le raffinement opérationnel (LeaderFactor, 2023 ; Draper, 2024). Le rôle du leadership dans cette odyssée transformative est essentiel ; il doit non seulement promouvoir, mais aussi incarner le changement culturel souhaité, intégrant ainsi la visibilité au cœur même de l'organisation de la (Société pour la Gestion des Ressources Humaines (SGRH).

 Le démantèlement des silos départementaux est un point critique de cette révolution culturelle. En favorisant des synergies interdisciplinaires et en cultivant un esprit d'effort collectif, les organisations peuvent transcender les mentalités insulaires et adopter un paradigme opérationnel plus holistique (Szabados, 2024 ; Martins, 2024). Le pouvoir de la narration ne doit pas être sous-estimé dans ce contexte ; des anecdotes convaincantes illustrant les mérites d'une culture transparente peuvent servir de puissants catalyseurs de changement, rendant la transition relatable et inspirante (Draper, 2024). Enfin, la célébration des victoires incrémentales, aussi modestes soient-elles, renforce les comportements souhaités et galvanise les employés à persister dans leurs contributions à cette métamorphose culturelle (LeaderFactor, 2023 ; Draper, 2024).

Surmonter les Défis

La métamorphose de l'éthique organisationnelle est un effort herculéen, parsemé d'obstacles redoutables. Les individus performants, ancrés dans le confort des mœurs établies, manifestent souvent une résistance marquée à cette transformation. Pour surmonter cette résistance obstinée, les entreprises doivent entreprendre une croisade multifacette. La nécessité du changement doit être expliquée avec une clarté cristalline, et la main-d'œuvre doit être entraînée dans cette odyssée transformative. Parallèlement, il devient impératif de fournir des mécanismes de soutien robustes et des programmes d'érudition, servant de tampon contre la peur engendrée par de nouvelles attentes. Il convient aux organisations d'exercer tolérance et ténacité, conscientes que le processus de métamorphose culturelle est une entreprise durable et persistante (Draper, 2024 ; SHRM, 2024).

La genèse d'une culture fondée sur la visibilité nécessite un effort stratégique et soutenu de volonté. Les leaders peuvent catalyser un changement de paradigme de profonde portée en tissant inextricablement le fil de la transparence et de la communication sans entrave dans la structure même de l'organisation. Lorsqu'elle est habilement orchestrée, cette métamorphose a le potentiel d'augmenter non seulement les indicateurs de performance, mais aussi de renforcer la prospérité à long terme. La mise en œuvre réfléchie de ces stratégies peut transformer le paysage organisationnel, engendrant un milieu où la visibilité et l'ouverture règnent en maîtres, pavant ainsi la voie à un avenir caractérisé par une efficacité accrue et un succès durable.

L'Avenir de la Diversité Visible : Tendances et Prévisions

L'avenir de la diversité visible dans les organisations est prêt à connaître une transformation significative, entraînée par les avancées technologiques et l'évolution des attentes sociétales. L'intelligence artificielle et l'analyse des données devraient jouer un rôle de plus en plus central dans la promotion de la diversité et de l'inclusion. À mesure que les outils de recrutement et d'évaluation de la performance alimentés par l'IA deviennent plus sophistiqués, ils aideront à atténuer les biais inconscients et à créer des opportunités plus équitables pour les talents divers. Cependant, ce changement technologique nécessitera également un équilibre délicat entre la transparence algorithmique et la confidentialité des données, défiant les organisations à mettre en œuvre ces outils de manière éthique et responsable.

En regardant vers l'avenir, le concept d'intersectionnalité est susceptible de gagner encore plus d'importance dans les initiatives de diversité. Les organisations iront au-delà de simples catégorisations démographiques pour adopter une compréhension plus nuancée de l'identité, reconnaissant l'interaction complexe de diverses circonstances qui influencent l'expérience d'un individu. Ce changement conduira à des stratégies de diversité plus ciblées et efficaces, répondant aux défis uniques des individus à l'intersection de plusieurs groupes sous-représentés. Par conséquent, nous pouvons nous attendre à une augmentation des programmes de mentorat personnalisés, d'opportunités de développement professionnel sur mesure et de politiques plus inclusives qui tiennent compte de ces identités intersectionnelles.

L'avenir de la diversité visible verra également probablement une plus grande emphasis sur l'engagement culturel et communautaire. Les organisations reconnaîtront de plus en plus que la véritable diversité s'étend au-delà du lieu de travail et dans des réseaux sociaux et des communautés plus larges. Cette prise de conscience favorisera davantage de partenariats entre les entreprises et les organisations locales, créant des voies d'accès aux opportunités professionnelles pour les populations défavorisées. De plus, le rôle des médias et de la communication dans la promotion de la citoyenneté culturelle s'élargira, les organisations jouant un rôle plus actif dans la formation des perceptions sociétales de la diversité. Cette tendance renforcera les portefeuilles de diversité des entreprises et contribuera à un changement social plus large, créant une société plus inclusive qui reconnaît et célèbre tous les types de diversité. La figure 12 ci-dessous prédit à quoi ressemblera l'avenir de la diversité visible.

Conclusion

Le chemin vers la visibilité et la valorisation de la diversité dans les organisations est difficile mais essentiel. Ce chapitre a révélé la nature variée de la diversité, soulignant la nécessité de comprendre et de valoriser à la fois les éléments apparents et invisibles de la variation humaine. En abordant les obstacles à la visibilité, des biais inconscients aux problèmes systémiques, et en fournissant des stratégies pour surmonter ces obstacles, nous avons tracé une feuille de route pour que les organisations favorisent des environnements véritablement inclusifs. L'argument commercial convaincant en faveur de la diversité visible, soutenu par des preuves empiriques d'une innovation accrue, d'une prise de décision améliorée et d'une performance financière supérieure, souligne l'impératif stratégique des initiatives de diversité. Les organisations qui tirent parti de divers points de vue sont mieux positionnées pour prospérer dans un paysage commercial de plus en plus complexe et mondial.

Le rôle du leadership dans la promotion de la visibilité ne peut être surestimé. Les leaders qui s'engagent à promouvoir la diversité, à mettre en œuvre des politiques inclusives et à cultiver une culture de visibilité donnent le ton à l'ensemble de l'organisation. Les entreprises peuvent créer un changement durable au-delà du tokenisme ou de la représentation superficielle en adoptant des stratégies à long terme qui intègrent la visibilité dans le tissu organisationnel.

En regardant vers l'avenir, le paysage évolutif de la diversité visible présente des opportunités et des défis. L'accent croissant mis sur l'intersectionnalité, l'utilisation éthique de l'IA dans les initiatives de diversité et l'emphase grandissante sur l'engagement culturel et communautaire laissent entrevoir un avenir où la diversité n'est pas seulement vue, mais profondément comprise et valorisée. Rendre la diversité visible et valorisée n'est pas une destination, mais un voyage continu. Cela nécessite un effort, une mesure et une adaptation constants. Les organisations qui s'engagent dans ce voyage, en s'appuyant sur les stratégies et les idées présentées dans ce chapitre, seront mieux équipées pour créer des lieux de travail où tous les individus peuvent s'épanouir, innover et contribuer à leur plein potentiel. Ce faisant, elles renforcent leur succès et contribuent à construire une société plus équitable et inclusive.

Chapitre 16

Apprentissage Automatique et Stratégies de Diversité Axées sur les Données

Introduction

Dans l'environnement en constante évolution de la gestion organisationnelle, la convergence de l'apprentissage automatique, de l'analyse des données et des programmes de diversité a émergé comme un puissant moteur de transformation. Le pouvoir des données dans la formulation d'initiatives de diversité explore l'impact révolutionnaire des approches centrées sur les données sur les efforts de diversité et d'inclusion au sein des organisations modernes. Alors que nous naviguons dans cette exploration complète, nous découvrirons comment les technologies de pointe et les méthodologies axées sur les données redéfinissent les pratiques traditionnelles de gestion de la diversité, depuis la compréhension fondamentale du rôle des données dans les initiatives de diversité jusqu'aux mécanismes complexes de l'apprentissage automatique pour atténuer les biais. Ce chapitre offre une vue panoramique de l'état actuel des stratégies de diversité axées sur les données et de leurs possibilités futures.

Nous examinerons des études de cas réelles illustrant les avantages tangibles de la mise en œuvre de ces approches avancées, mettant en lumière des histoires de succès d'industries telles qu'Intel, Salesforce et Google. Ces exemples démontrent l'efficacité des initiatives de diversité basées sur les données et peuvent fournir des informations utiles pour les entreprises souhaitant entreprendre des parcours de transformation similaires. Le chapitre aborde également les défis critiques rencontrés lors de la mise en œuvre de ces stratégies, allant de la résistance au changement aux contraintes de ressources, qui peuvent fournir des informations précieuses pour les organisations cherchant à se lancer. De plus, nous explorons les considérations éthiques et les mesures de création de confiance essentielles pour l'utilisation responsable de l'IA et de l'apprentissage automatique dans la gestion de la diversité.

Alors que nous nous tournons vers l'avenir, nous analyserons de nouveaux thèmes dans l'analyse prédictive et les stratégies proactives qui révolutionneront encore davantage les efforts de diversité et d'inclusion. Cette approche tournée vers l'avenir permettra aux dirigeants d'acquérir les compétences nécessaires pour rester en avance sur la courbe et créer des lieux de travail véritablement inclusifs. À la fin de ce chapitre, les lecteurs acquerront une compréhension complète de la manière dont les données et l'apprentissage automatique ne sont pas seulement des outils, mais des catalyseurs pour créer des environnements organisationnels plus diversifiés, équitables et inclusifs. Ce savoir sera inestimable pour les professionnels des ressources humaines, les dirigeants organisationnels et quiconque passionné par l'utilisation de la technologie pour favoriser la diversité au travail et stimuler le succès organisationnel dans un marché de plus en plus mondial et diversifié.

Ce chapitre explore l'impact transformateur de l'apprentissage automatique et des stratégies axées sur les données sur les initiatives de diversité dans les organisations modernes. Il examine comment les analyses avancées et les technologies d'IA révolutionnent les approches traditionnelles de gestion de la diversité, offrant des informations et une efficacité sans précédent. Le chapitre présente des études de cas d'entreprises leaders, démontrant les avantages tangibles des stratégies de diversité axées sur les données. Le chapitre discute des problèmes de mise en œuvre, en particulier la réticence au changement et les contraintes de ressources, en fournissant des solutions pratiques. Les considérations éthiques et les mesures de création de confiance pour une utilisation responsable de l'IA dans la gestion de la diversité sont également explorées. En regardant vers l'avenir, le chapitre aborde les tendances émergentes en matière d'analyse prédictive et de stratégies proactives pour favoriser des lieux de travail inclusifs. Il souligne l'importance de la prise de décision basée sur les données, de la transparence et de la responsabilité dans les efforts de diversité. En intégrant ces approches avancées, les organisations peuvent créer des environnements plus équitables, innovants et compétitifs à l'échelle mondiale, se positionnant à l'avant-garde de la diversité et de l'inclusion au travail.

Le Pouvoir des Données dans la Formation des Initiatives de Diversité

Le pouvoir des données dans la formation des initiatives de diversité devient de plus en plus évident alors que les organisations reconnaissent le potentiel transformateur des approches axées sur les données dans le développement et la mise en œuvre de stratégies de diversité efficaces. En tirant parti des données et des techniques d'analyse avancées, les entreprises peuvent obtenir des informations précieuses sur la composition de leur main-d'œuvre, identifier les domaines à améliorer, mesurer l'impact de leurs initiatives de diversité et transformer leurs stratégies de diversité, souvent bien intentionnées mais souvent inefficaces, en programmes ciblés et percutants qui produisent des résultats tangibles.

Initiatives de Diversité Axées sur les Données

À une époque où la maîtrise numérique règne en maître, la préservation et l'avancement des langues sous-ressourcées sont devenus primordiaux. Une étude révolutionnaire de Pretorius et Soria (2017) souligne la criticité du développement technologique pour ces minorités linguistiques. Leur recherche postule que dans notre époque centrée sur l'information, chaque communauté, indépendamment de son origine linguistique ou culturelle, mérite d'être considérée comme un "citoyen de première classe". Cet ethos n'est pas seulement un idéal élevé, mais un droit fondamental pour maintenir la riche tapisserie de la diversité culturelle et linguistique mondiale.

Un manque de ressources essentielles aggrave le sort des langues sous-ressourcées. Cette pénurie s'étend au-delà des contraintes financières, englobant le capital humain, les limitations temporelles, la rareté des données et les déficiences technologiques. Pretorius et Soria (2017) expliquent comment ce vide de ressources engendre une fragmentation des efforts de développement. Par conséquent, les ressources qui se matérialisent sont souvent de petite envergure, ne servant que des objectifs restreints ou existant en isolation par rapport à des initiatives plus larges. Cette balkanisation des efforts entrave le développement holistique nécessaire pour que ces langues prospèrent à l'ère numérique.

Dans les initiatives de diversité en entreprise, les approches axées sur les données révolutionnent les méthodologies traditionnelles. Phillips et al. (2024) expliquent les innombrables avantages de ce paradigme empirique. En tirant parti des évaluations objectives, les organisations peuvent réaliser une analyse granulaire de la démographie de leur main-d'œuvre, identifiant les domaines de sous-représentation avec une précision chirurgicale. Cette approche centrée sur les données facilite la conception d'interventions ciblées, garantissant que les ressources sont allouées judicieusement pour répondre à des lacunes spécifiques en matière de diversité. De plus, la nature quantifiable des initiatives axées sur les données donne aux organisations un sentiment de sécurité, leur permettant d'établir des objectifs concrets et de suivre les progrès de manière méticuleuse. Cette responsabilité transcende le simple symbolisme, catalysant une métamorphose organisationnelle tangible et favorisant un environnement de véritable inclusivité.

Le Pouvoir des Données dans les Initiatives de Diversité

L'analyse des données révèle une mine d'informations sur le paysage diversifié d'une organisation, mettant en lumière les lacunes, surveillant les avancées et facilitant la prise de décisions éclairées. L'impératif économique en faveur de la diversité est sans équivoque, comme en témoigne un rapport de McKinsey révélant que les entreprises du premier quartile en matière de diversité raciale et ethnique ont 35 % plus de chances de dépasser les rendements financiers moyens (Vorecol Editorial Team, 2024a). Cette statistique sert d'appel retentissant, soulignant le lien indissociable entre les pratiques inclusives et les bénéfices financiers tangibles. Le pouvoir des données pour élucider de telles corrélations est tout simplement transformateur.

En explorant les subtilités des données sur la main-d'œuvre, les organisations peuvent identifier les domaines où la diversité est manifestement absente et mettre en œuvre des stratégies sur mesure pour combler ces lacunes. Un exemple de cette approche est illustré par une entreprise technologique de premier plan qui a exploité la puissance des analyses avancées pour recalibrer ses pratiques de recrutement. Les résultats ont été remarquables. En l'espace de douze mois, l'entreprise a enregistré une augmentation stupéfiante de 30 % dans le recrutement de femmes et de candidats issus de minorités (Vorecol Editorial Team, 2024b). Ce récit témoigne de la puissance des approches axées sur les données pour favoriser l'inclusivité.

L'exemple ci-dessus illustre de manière frappante le rôle essentiel des outils de visualisation des données dans la révélation des biais latents qui peuvent exister dans le processus de recrutement. Grâce à ces informations, les équipes des ressources humaines peuvent recalibrer leurs stratégies avec une précision chirurgicale. Le changement résultant dans les modèles de recrutement engendre une main-d'œuvre plus diversifiée, catalyse l'innovation et stimule le succès organisationnel ; de plus, l'analyse des données guide les organisations vers un avenir plus équitable et prospère. L'analyse des données permet aux organisations de suivre l'efficacité de leurs initiatives de diversité au fil du temps. Une étude de Gallup a révélé que les équipes inclusives qui utilisaient des informations basées sur l'analyse étaient 17 % plus productives et 29 % plus rentables (Vorecol Editorial Team, 2024a). En mesurant et en analysant systématiquement les indicateurs de diversité, les entreprises peuvent évaluer l'impact de leurs programmes et apporter des ajustements éclairés par les données pour optimiser leurs stratégies.

L'Apprentissage Automatique dans les Initiatives de Diversité

À l'avant-garde des efforts d'amélioration de la diversité, l'apprentissage automatique et l'intelligence artificielle (IA) sont devenus des alliés indispensables, offrant des capacités analytiques et prédictives sophistiquées. Ces technologies de pointe révolutionnent le paysage du recrutement, atténuant l'influence insidieuse des biais inconscients qui ont longtemps affecté les processus de recrutement traditionnels. En tirant parti des algorithmes d'apprentissage automatique pour passer au crible les CV et les candidatures avec un accent constant sur les compétences et les qualifications, les organisations peuvent constituer un vivier de candidats plus diversifié, sans être entravées par le spectre du préjugé démographique. Le moteur de recommandation alimenté par l'IA de Diversio, un exemple emblématique de cette approche, scrute les descriptions de poste pour garantir l'inclusivité et examine les CV avec une impartialité qui échappe à la cognition humaine (Dei Expert, 2023). Ce tour de force technologique rationalise le processus de recrutement et constitue une digue contre l'intrusion insidieuse des biais, favorisant un paysage de recrutement plus équitable.

Le pouvoir proactif des modèles d'apprentissage automatique va au-delà du recrutement, offrant aux organisations une boule de cristal pour anticiper les tendances de diversité futures. Cette capacité prédictive permet aux entreprises de mettre en œuvre des changements proactifs, adaptant précisément leurs stratégies pour cultiver une culture inclusive qui résonne avec un vivier de talents plus large (Vorecol Editorial Team, 2024b). De plus, l'influence transformative de l'IA pénètre le développement des employés, permettant des expériences d'apprentissage révélatrices qui adaptent la formation sur la diversité et l'inclusion aux biais et styles d'apprentissage individuels. Cette approche personnalisée des programmes d'éducation et de sensibilisation catalyse une internalisation plus profonde des principes d'inclusivité, contribuant finalement à la genèse d'une culture de travail immergée dans la diversité et le respect mutuel.

La puissance incontestable des données dans la sculpture des initiatives de diversité témoigne de son pouvoir transformateur. En adoptant des méthodologies axées sur les données et en exploitant la force inéluctable des technologies d'apprentissage automatique, les organisations peuvent transformer leurs stratégies de diversité d'une politique statique en programmes dynamiques et productifs qui engendrent un changement significatif. Alors que le monde des affaires continue son évolution inexorable, les entités qui réussissent à exploiter le potentiel latent de l'analyse des données et de l'IA dans leurs efforts de diversité se retrouveront à l'avant-garde du progrès. Ces organisations visionnaires seront en mesure de forger des environnements véritablement inclusifs, récoltant les avantages multiples d'une main-d'œuvre diversifiée. Dans ce nouveau monde audacieux, les initiatives de diversité axées sur les données ne seront pas simplement un avantage concurrentiel, mais une nécessité existentielle pour les organisations cherchant à prospérer dans un marché mondial de plus en plus complexe et interconnecté.

Dans le domaine des stratégies de diversité axées sur les données, l'apprentissage automatique (ML) se présente comme un allié redoutable, amplifiant l'efficacité de ces initiatives à des niveaux sans précédent. Grâce à leur capacité inégalée de reconnaissance des motifs, les algorithmes de ML plongent dans d'immenses quantités de données, découvrant des corrélations et des tendances cachées qui échapperaient aux méthodes analytiques traditionnelles. Cette capacité surnaturelle à discerner des relations subtiles dans les données permet aux organisations de mieux comprendre leur paysage de diversité (Uddin et al., 2022). De plus, la puissance prédictive des modèles de ML permet aux décideurs de prévoir les conséquences potentielles de diverses initiatives de diversité, éclairant ainsi les choix stratégiques avec un niveau de précision jusqu'alors inatteignable.

Le potentiel transformateur du ML va au-delà de l'analyse simple, s'aventurant dans le domaine de l'atténuation des biais. Les techniques sophistiquées de ML agissent comme des sentinelles vigilantes, détectant et neutralisant les biais inconscients qui peuvent se glisser dans le recrutement, la promotion et d'autres processus des ressources humaines. Cette vigilance algorithmique favorise un écosystème organisationnel plus équitable où le mérite l'emporte sur le préjugé. Parallèlement, la capacité de personnalisation du ML permet d'adapter les programmes de diversité et d'inclusion aux besoins uniques des employés individuels ou de cohortes démographiques spécifiques. Cette approche sur mesure améliore considérablement l'efficacité de ces initiatives, s'assurant que les interventions résonnent avec leurs destinataires prévus et catalysent un changement significatif (Uddin et al., 2022).

Alors que nous nous tenons à l'aube d'une nouvelle ère dans les dynamiques organisationnelles, la symbiose entre les stratégies axées sur les données et l'apprentissage automatique annonce un changement de paradigme dans la gestion de la diversité. Cette fusion technologique offre aux entreprises la capacité sans précédent de créer des initiatives de diversité qui sont plus efficaces, ciblées et quantifiables. L'intégration des techniques de ML dans les approches axées sur les données est prête à révolutionner l'inclusivité sur le lieu de travail, entraînant des améliorations tangibles des résultats commerciaux. Alors que les avancées technologiques poursuivent leur marche inexorable vers l'avant, la sophistication de ces stratégies intégrées ne fera que s'intensifier. Cette évolution promet d'être un puissant moteur de changement significatif, redéfinissant les cultures et les pratiques organisationnelles de manière jugée utopique auparavant. L'avenir de la gestion de la diversité, éclairé par les deux phares des données et de l'apprentissage automatique, brille avec la promesse de lieux de travail véritablement inclusifs et performants.

Potentiel Transformateur

À l'avant-garde de l'évolution organisationnelle, les stratégies de diversité axées sur les données émergent comme des catalyseurs de métamorphoses profondes. Ces approches empiriquement fondées ne sont pas de simples outils, mais des agents qui transforment les cultures d'entreprise en inclusivité et rationalité. Phillips et al. (2024) avancent que ce modus operandi sert d'antidote puissant à l'influence insidieuse des biais, favorisant un environnement où l'objectivité prévaut dans les questions de diversité et d'inclusion. Ce changement de paradigme va au-delà des ressources humaines, imprégnant chaque strate de la structure d'entreprise et influençant les processus décisionnels dans tous les domaines.

Les répercussions des initiatives de diversité axées sur les données résonnent à travers les fondements mêmes de la performance organisationnelle. Les entreprises qui ont adopté cette approche empirique ont récolté une multitude d'avantages, allant de l'innovation accrue à une satisfaction des employés élevée. Ces gains ne sont pas éphémères ; ils se traduisent par des améliorations tangibles des résultats commerciaux globaux, créant un cercle vertueux de succès (Phillips et al., 2024). De plus, les organisations qui manient habilement les données dans leurs efforts de diversité possèdent un avantage concurrentiel redoutable. Elles deviennent des pierres angulaires pour attirer les talents de haut niveau issus de milieux divers, attirant et conservant des individus qui, autrement, auraient pu rester hors de portée. Cette attraction magnétique enrichit le vivier de talents et renforce la position de l'organisation sur un marché mondial de plus en plus compétitif.

Amélioration de la Prise de Décision et Promotion de la Responsabilité

Armés de données complètes et abondantes, les dirigeants organisationnels peuvent naviguer dans le paysage complexe des initiatives de diversité avec une perspicacité sans précédent. La véracité de cette affirmation est corroborée par une statistique frappante : les entités qui mettent en œuvre des efforts de diversité axés sur les données sont six fois plus susceptibles de faire preuve d'innovation et d'agilité (Vorecol Editorial Team, 2024a). Cette révélation éclaire le lien indissociable entre des voix diverses et la genèse de solutions créatives et impactantes. Les données servent de phare, guidant les organisations à travers les eaux tumultueuses du changement vers un port d'excellence inclusive. Dans ce contexte, la diversité transcende le simple tokenisme, se métamorphosant en catalyseur de transformation organisationnelle et de succès inégalé.

Le pouvoir transformateur de l'analyse des données s'étend au-delà de la simple prise de décision, imprégnant le tissu même de la responsabilité organisationnelle. Il engendre un paradigme de transparence, fournissant des indicateurs clairs pour les objectifs de diversité qui résonnent à travers la hiérarchie d'entreprise. L'efficacité de cette approche se met en lumière grâce à une statistique stupéfiante : un impressionnant 65 % des entreprises utilisant des logiciels de gestion des politiques signalent une amélioration significative de leur capacité à suivre la conformité aux politiques de diversité (Vorecol Editorial Team, 2024a). Ce niveau de transparence cristalline remplit une double fonction. Il éclaire le rôle de chaque employé dans la création d'un environnement inclusif et tient l'organisation responsable de ses engagements en matière de diversité. Dans cet écosystème axé sur les données, les déclarations de principe sur la diversité sont remplacées par des progrès tangibles et mesurables, favorisant un environnement où l'inclusivité est une aspiration et une partie mémorable de l'ADN organisationnel.

Conclusion

Ce chapitre, "Apprentissage Automatique et Stratégies de Diversité Axées sur les Données," explore en profondeur comment les technologies avancées et l'analyse des données transforment les initiatives de diversité dans les organisations modernes. Le chapitre commence par souligner la convergence de l'apprentissage automatique, de l'analyse des données et des programmes de diversité en tant que puissant catalyseur de changement organisationnel. Il met en évidence comment les approches axées sur les données redéfinissent les pratiques traditionnelles de gestion de la diversité, offrant des perspectives et une efficacité sans précédent. Le chapitre se concentre sur le pouvoir des données dans la formation des initiatives de diversité. Il explique comment les organisations peuvent tirer parti des données et des techniques analytiques avancées pour obtenir des informations précieuses sur la composition de leur personnel, identifier les domaines à améliorer et mesurer l'impact de leurs efforts en matière de diversité. Le chapitre cite des recherches montrant que les entreprises situées dans le premier quartile en matière de diversité raciale et ethnique ont 35 % plus de chances d'avoir des rendements financiers supérieurs aux médianes de l'industrie, soulignant ainsi l'impératif économique de la diversité.

Le rôle de l'apprentissage automatique et de l'intelligence artificielle dans les initiatives de diversité est largement discuté. Ces technologies sont présentées comme des outils puissants pour atténuer les biais inconscients dans les processus de recrutement, prédire les tendances futures de la diversité et personnaliser la formation à la diversité et à l'inclusion. Le chapitre fournit des exemples de la façon dont les outils alimentés par l'IA peuvent examiner les CV de manière impartiale et analyser les descriptions de poste en termes d'inclusivité. Le chapitre souligne le potentiel transformateur des stratégies de diversité axées sur les données. Il soutient que ces approches peuvent aider les organisations à créer des environnements plus inclusifs, à améliorer l'innovation, à augmenter la satisfaction des employés et, finalement, à conduire à de meilleurs résultats commerciaux. Le chapitre met également en avant comment les stratégies axées sur les données peuvent améliorer la prise de décision et favoriser la responsabilité dans les efforts de diversité.

En conclusion, ce chapitre présente un argument convaincant en faveur de l'intégration de l'apprentissage automatique et des stratégies axées sur les données dans les initiatives de diversité. Il soutient que ces approches avancées sont à la fois des outils et des catalyseurs pour créer des environnements organisationnels plus diversifiés, équitables et inclusifs. En tirant parti des données et de l'IA, les organisations peuvent aller au-delà des efforts de diversité superficiels pour mettre en œuvre des programmes ciblés et impactants qui produisent des résultats tangibles. Le chapitre décrit finalement les stratégies de diversité axées sur les données comme essentielles pour les organisations cherchant à prospérer dans un marché mondial de plus en plus complexe et diversifié. Il suggère que les entreprises qui exploitent ces technologies avec succès seront à l'avant-garde du progrès, positionnées de manière unique pour créer des environnements inclusifs et récolter les multiples bénéfices d'une main-d'œuvre diversifiée. En regardant vers l'avenir, l'évolution continue de ces technologies promet de révolutionner davantage la gestion de la diversité, ouvrant la voie à des lieux de travail plus inclusifs, innovants et performants.

Chapitre 17
Stratégies de diversité en milieu de travail traditionnelles vs. Approches axées sur les données

Les stratégies traditionnelles de gestion de la diversité ont évolué dans le paysage en constante évolution de la dynamique du lieu de travail. Bien que fondamentales, la dépendance antérieure à l'égalité des chances en matière d'emploi, à l'action affirmative et aux politiques de gestion de la diversité semble aujourd'hui anachronique face aux complexités organisationnelles modernes. Ces approches, façonnées par des cadres sociopolitiques et juridiques, ont historiquement mis l'accent sur la conformité et les quotas de représentation (Groutsis & Taksa, 2009). Leur contribution à la sensibilisation et à l'initiation des efforts en matière de diversité est indéniable, mais elles manquent souvent de la capacité à traiter la nature multifacette des environnements de travail contemporains.

L'esprit du temps de la gestion de la diversité a connu un changement radical, ouvrant la voie à une ère de méthodologies centrées sur les données. Ce changement de paradigme est essentiel pour les dirigeants qui s'efforcent d'augmenter la diversité, l'équité et l'inclusion au sein de leurs écosystèmes d'entreprise. La nouvelle approche transcende la conformité superficielle, s'immergeant plus profondément dans la tapisserie nuancée des interactions en milieu de travail et des structures systémiques.

Alors que les organisations s'attaquent à l'impératif de favoriser des environnements véritablement inclusifs, le besoin de stratégies plus sophistiquées et agiles devient apparent. Ces nouvelles approches évitent les solutions toutes faites, préférant des interventions spécifiques et adaptées au contexte. En tirant parti des informations basées sur les données, les dirigeants peuvent identifier des domaines précis à améliorer, suivre les progrès avec une précision sans précédent et mettre en œuvre des initiatives ciblées qui résonnent avec leur culture organisationnelle unique. Cette évolution dans la gestion de la diversité annonce une nouvelle ère d'égalité au travail, où l'inclusivité n'est pas seulement un mot à la mode, mais une réalité tangible et mesurable.

Stratégies Traditionnelles

La sagesse conventionnelle en matière de gestion de la diversité a longtemps été ancrée dans un cadre juridique, mettant l'accent sur la conformité et la mise en œuvre des politiques pour garantir des opportunités équitables et atténuer la discrimination (Groutsis & Taksa, 2009). Ce modus operandi se manifeste souvent sous la forme d'ateliers et de sessions de formation sur la diversité, ostensiblement conçus pour sensibiliser aux biais implicites et aux stéréotypes, avec pour objectif ultime de favoriser un milieu inclusif et de promouvoir la parité entre les sexes (Kannaiyan & Neelamegam, 2023 ; Devine & Ash, 2022). L'action affirmative, pierre angulaire de cette approche traditionnelle, implique des mesures proactives pour renforcer la représentation des groupes marginalisés par le biais de pratiques de recrutement et d'embauche ciblées, affirment Groutsis et Taksa. Ces initiatives sont souvent complétées par des programmes éducatifs visant à cultiver la compréhension et l'appréciation des origines diverses (Harper, 2023 ; Reynolds, 2016), ainsi que par la mise en œuvre de politiques inclusives telles que des aménagements de travail flexibles et l'adoption d'un langage inclusif, selon Harper.

Bien que ces stratégies constituent le socle des efforts de diversité de nombreuses organisations, elles souffrent souvent d'un défaut critique : l'incapacité à évaluer quantitativement leur efficacité. L'approche repose fortement sur la présomption que l'augmentation de la sensibilisation et les modifications des politiques conduiront inévitablement à de meilleurs résultats en matière de diversité. Cette hypothèse, cependant, peut être trop simpliste face à la complexité des dynamiques organisationnelles. De plus, bien que les événements culturels et les programmes de mentorat pour les groupes sous-représentés, selon Harper (2023), puissent contribuer à une atmosphère plus inclusive, ils ne s'attaquent peut-être pas aux causes profondes des inégalités systémiques. Le problème réside dans la traduction de ces initiatives bien intentionnées en changements significatifs et durables qui imprègnent tous les niveaux de la structure organisationnelle.

Approches Axées sur les Données

À l'avant-garde de la gestion de la diversité, les méthodes axées sur les données ont émergé comme une force puissante, tirant parti de la technologie, de l'analyse et de l'apprentissage automatique pour transformer les approches organisationnelles en matière d'inclusion (Shafiabady et al., 2023). Ces méthodologies de pointe offrent un bond quantique par rapport aux tactiques traditionnelles, fournissant des informations inégalées et une intelligence exploitable. L'analyse prédictive, pierre angulaire de ce nouveau paradigme, permet aux organisations de prévoir les tendances en matière de diversité et d'identifier préventivement les points chauds potentiels de biais, permettant une approche plus proactive dans la gestion de la diversité (Leighton & Harlock, 2017). Parallèlement, des algorithmes puissants d'apprentissage automatique ont été utilisés pour évaluer l'utilisation du langage et l'inclusion dans les communications d'entreprise, fournissant une évaluation détaillée du succès des initiatives de diversité (Lu et al., 2022). Les outils d'analyse des réseaux sociaux, illustrés par le tableau de bord d'analyse sociale d'entreprise, ont encore renforcé ces capacités, fournissant des informations en temps réel sur les structures de leadership informelles et les dynamiques de diversité au sein des écosystèmes organisationnels (Tommaso et al., 2021).

La mise en œuvre d'analyses et de métriques sophistiquées est devenue un élément critique de la stratégie de diversité axée sur les données, permettant aux entreprises d'obtenir des informations significatives, de suivre les tendances d'embauche et d'évaluer l'effet des programmes de diversité avec une précision inégalée (Vorecol Editorial Team, 2024b). Des entreprises pionnières comme Intel et Unilever ont tiré parti de ces outils avec des résultats spectaculaires, augmentant considérablement la diversité dans leurs processus de recrutement et observant des améliorations incidentelles dans les métriques d'innovation, selon l'équipe éditoriale de Vorecol. L'analyse prédictive a émergé comme un changement décisif, permettant aux organisations d'anticiper avec précision les futurs besoins en matière de diversité et d'optimiser les stratégies de recrutement, constate l'équipe éditoriale de Vorecol.

Cette prévoyance permet d'identifier la sous-représentation et de mettre en œuvre des efforts de recrutement ciblés. L'intégration de l'IA et de l'apprentissage automatique dans l'arsenal de gestion de la diversité représente le développement le plus transformateur, offrant la possibilité de minimiser les biais d'embauche grâce à des outils d'aide à la décision qui atténuent les préjugés subjectifs (Dei Expert, 2023 ; Slan, 2023). De plus, selon le Dei Expert, la capacité de l'IA à créer des solutions de conception inclusives et des expériences personnalisées pour des bases d'utilisateurs diverses annonce une nouvelle ère d'inclusivité médiée par la technologie, promettant de remodeler le tissu de la diversité organisationnelle.

Nécessité d'Innovation

Le passage inévitable vers des méthodologies axées sur les données dans la gestion de la diversité représente une transformation sismique dans la stratégie organisationnelle, soutenue par une triade d'avantages convaincants. Une précision améliorée se trouve au premier plan de ce changement de paradigme, les approches axées sur les données offrant des informations inégalées sur la tapisserie complexe des dynamiques de diversité. Ce niveau de compréhension granulaire facilite la mise en œuvre d'interventions que les méthodes traditionnelles pourraient involontairement négliger dans leur approche globalisante (Lu et al., 2022). La capacité à surveiller les indicateurs de diversité en temps réel constitue un autre bond quantique, permettant aux organisations d'effectuer des ajustements et des améliorations agiles avec une rapidité sans précédent (Tommaso et al., 2021). De plus, l'évolutivité inhérente aux modèles d'apprentissage automatique les rend particulièrement adaptés aux entreprises mondiales confrontées aux complexités de main-d'œuvre diverses et multinationales (Tadla et al., 2023).

L'impulsion derrière ce changement tectonique ou constructif vers des stratégies de diversité axées sur les données est multifacette et profonde. Au cœur de cette dynamique se trouve l'impératif de responsabilité et de mesure, les approches axées sur les données fournissant des métriques tangibles et des indicateurs clés de performance qui servent de phare pour le progrès, garantissant une trajectoire d'amélioration continue et de responsabilité organisationnelle (Slan, 2023 ; Roberts & Thomas-Hunt, 2024). Cette base empirique facilite la prise de décisions éclairées, permettant aux organisations d'exploiter les données démographiques et les retours d'expérience des employés pour façonner avec précision les résultats en matière de diversité (Vorecol Editorial Team, 2024b). Peut-être le plus convaincant est que la corrélation entre des équipes diversifiées et une innovation accrue ainsi qu'une performance financière améliorée a été démontrée sans équivoque par des géants de l'industrie tels qu'Unilever et Accenture, souligne l'équipe éditoriale de Vorecol, mettant en évidence le lien inextricable entre la diversité et le succès organisationnel dans le paysage commercial moderne.

La comparaison des programmes de diversité traditionnels à leurs alternatives axées sur les données révèle une différence frappante en termes de performance et d'impact. Bien que les approches conventionnelles jettent les bases d'une éthique de travail inclusif, elles échouent souvent dans leur capacité à quantifier le succès et à catalyser une transformation substantielle. En revanche, les méthodologies axées sur les données offrent un cadre empirique robuste pour évaluer et renforcer les initiatives de diversité. La complexité labyrinthique des environnements de travail d'aujourd'hui nécessite des approches innovantes et axées sur les données pour amplifier la puissance de la gestion de la diversité et s'aligner sur le paysage technologique en constante évolution, garantissant que les organisations conservent leur avantage concurrentiel tout en favorisant l'inclusivité. L'intégration de l'analyse des données et de l'intelligence artificielle transcende la simple conformité, cultivant un milieu authentiquement inclusif en tant que creuset d'innovation et de compétitivité. Ce changement de paradigme représente un besoin stratégique et un devoir moral pour les entreprises qui restent engagées envers l'égalité et l'inclusion, ouvrant la voie à une nouvelle ère où la diversité est reconnue et utilisée comme un moteur d'accomplissement organisationnel.

Compréhension des Biais dans les Données et les Algorithmes

Comprendre les biais dans les données et les algorithmes est essentiel pour mettre en œuvre des stratégies de diversité efficaces, en particulier lors de l'utilisation des technologies d'apprentissage automatique. S'attaquer à ces impulsions est crucial pour établir la crédibilité et la confiance auprès des parties prenantes tout en veillant à ce que les considérations éthiques soient au premier plan des initiatives de diversité. Ce sujet soulève des considérations essentielles sur l'utilisation éthique de l'IA et la structure de confiance.

Sources de Biais

L'exploration du monde des initiatives de diversité alimentées par l'IA révèle un réseau complexe de biais potentiels qui nécessitent de toute urgence notre attention. Les données historiques, un outil aux implications positives et négatives, peuvent involontairement perpétuer des pratiques discriminatoires passées, compromettant ainsi la fondation des modèles d'apprentissage automatique (Communauté LinkedIn, 2024 ; DiMeglio, 2024). La menace sournoise du biais d'échantillonnage, qui se cache dans l'ombre, peut déformer les résultats en ne capturant pas toute l'étendue de la diversité humaine. Le biais algorithmique, véritable boîte de Pandore de résultats inattendus, peut exacerber les inégalités existantes à travers des choix de conception apparemment inoffensifs, comme le notent la Communauté LinkedIn et DiMeglio.

L'émergence du biais de données d'entraînement en tant qu'adversaire redoutable, les pratiques d'embauche historiques projetant de longues ombres sur les efforts de recrutement alimentés par l'IA, souligne encore plus l'urgence de la question. L'influence subtile du biais cognitif, qui imprègne le tissu des systèmes d'IA alors que les développeurs humains imprègnent involontairement leurs préjugés inconscients dans le paysage numérique, comme le remarque DiMeglio, ajoute une couche de complexité supplémentaire. Cette toile complexe de biais exige notre attention immédiate, sous peine de perpétuer involontairement les disparités que nous nous efforçons de démanteler. En reconnaissant ces pièges potentiels, nous pouvons avancer avec une compréhension claire, créant des initiatives de diversité alimentées par l'IA qui reflètent véritablement l'expérience humaine diversifiée.

Impact des Biais sur les Stratégies de Diversité

Bien que prometteuse, la mise en œuvre de l'apprentissage automatique dans les initiatives de diversité cache une boîte de Pandore de biais non résolus qui peuvent causer des ravages sur des efforts bien intentionnés. Ces biais insidieux agissent comme une force maléfique, renforçant les inégalités existantes avec une précision algorithmique et déformant la représentation des groupes sous-représentés à travers une distorsion numérique. Les répercussions de tels biais sont considérables, se manifestant par des prévisions inexactes et des recommandations erronées qui peuvent perturber les décisions liées à la diversité. Le biais de l'IA non contrôlé, un spectre numérique hantant les couloirs du progrès, peut précipiter une cascade de conséquences négatives.

Le biais de l'IA peut devenir un facilitateur pernicieux, perpétuant la discrimination et l'injustice dans les domaines sacrés de l'embauche et de la promotion (Upskill Universe, 2023 ; DiMeglio, 2024). Cette discrimination numérique jette une ombre longue, excluant les groupes sous-représentés d'opportunités vitales et renforçant des stéréotypes nuisibles que la société a longtemps peiné à démanteler, notent (Upskill Universe, 2023 ; Eubanks, 2018). Selon Upskill Universe, les répercussions vont au-delà des victimes immédiates, exposant les organisations à des risques juridiques et réputationnels qui peuvent éclater au moindre faux pas. Alors que nous naviguons dans ce terrain traître, la vigilance devient notre étoile polaire, nous guidant vers un avenir où l'IA augmente plutôt que sape nos aspirations en matière de diversité.

Considérations éthiques et instauration de la confiance

Dans le domaine complexe des stratégies de diversité guidées par l'IA, la transparence émerge comme l'étoile guidant les organisations vers la crédibilité et la confiance. Cet appel distinct à l'ouverture exige une approche multidimensionnelle, englobant une communication lucide des processus de prise de décision algorithmique, la clarification des recommandations générées par l'IA, et des audits rigoureux et périodiques de ces arbitres numériques (Ajayi & Udeh, 2024). Cette transparence agit comme un phare, illuminant le monde souvent opaque de l'apprentissage automatique pour toutes les parties prenantes. Parallèlement, l'impératif de diversité au sein des équipes de développement d'IA s'impose comme un rempart contre l'insidieuse progression des préjugés. Cette approche diversifiée enrichit les processus de conception et de test d'un kaléidoscope de points de vue, révélant des angles morts qui se seraient autrement dissimulés dans l'ombre de l'homogénéité et, finalement, améliorant l'efficacité et l'équité des initiatives de diversité propulsées par l'IA (Kanade et al., 2024).

Le déploiement éthique de l'IA dans les efforts de diversité s'érige comme la pierre angulaire de cette révolution numérique. L'équité, cet idéal insaisissable, doit être poursuivie sans relâche, garantissant que les systèmes d'IA produisent des résultats équitables à travers tout le spectre de l'humanité (Dimeglio, 2024). La responsabilité, un lourd manteau, exige que les organisations assument la charge des décisions et des impacts engendrés par leurs oracles de silicium (Banavar, 2021). La confidentialité, un droit sacré à notre ère axée sur les données, doit être farouchement protégée, mettant à l'abri les informations personnelles sensibles des regards indiscrets et des acteurs malveillants, postule Banavar. Par-dessus tout, l'anthropocentrisme doit régner en maître, plaçant les besoins et les valeurs humains à l'épicentre de ce maelström technologique, selon Banavar et Eubanks (2018). En adhérant à ces étoiles guides éthiques, les organisations peuvent naviguer sur les mers dangereuses des efforts de diversité propulsés par l'IA, traçant une route vers un avenir plus égalitaire et inclusif.

Stratégies pour lutter contre les biais

Dans la quête incessante d'atténuation des biais, les organisations doivent se lancer dans une tâche herculéenne de curation des données. Cette odyssée commence par la collecte d'ensembles de données diversifiés et représentatifs, un véritable excès d'informations reflétant la riche tapisserie de l'expérience humaine. Ce processus souligne l'importance de jeux de données variés et représentatifs dans les systèmes d'IA, ce qui fait ressentir au public la richesse et la complexité de l'expérience humaine reflétée dans les données. Cependant, le voyage ne s'arrête pas là ; des audits réguliers doivent être menés avec une précision chirurgicale, disséquant les données à la recherche de biais potentiels ou de sous-représentations qui pourraient se cacher dans l'ombre. Pour renforcer cette base, les organisations doivent jeter leurs filets largement, complétant les données existantes par des sources supplémentaires ou par un mélange de données, souvent appelé triangulation, et assurant une couverture complète qui ne laisse aucune pierre non retournée dans la quête d'une représentation équitable.

La mise en œuvre de contraintes d'équité et de mécanismes de détection des biais dans les algorithmes apparaît comme une défense cruciale contre l'insidieuse progression des préjugés (Sekwatlakwatla & Malele, 2023). Cette forteresse numérique est construite sur le socle des techniques d'apprentissage automatique conscientes de l'équité, une approche de pointe qui infuse l'équité dans l'ADN même des systèmes d'IA. La vigilance reste primordiale, avec des tests réguliers servant de sentinelle contre l'impact disparate sur différents groupes. Lorsque des déséquilibres sont détectés, il incombe aux organisations de recalibrer leurs modèles, en affinant les échelles numériques jusqu'à ce qu'elles obtiennent des résultats équitables pour tous les groupes démographiques.

Lutter contre les biais n'est pas une destination mais un voyage perpétuel, exigeant un engagement inébranlable et un perfectionnement itératif. Cette tâche sisyphéenne nécessite des évaluations régulières de la performance des systèmes d'IA à travers les groupes démographiques, scrutant chaque résultat à la recherche de signes d'iniquité. Les voix des diverses parties prenantes doivent être amplifiées et entendues, leurs retours servant de boussole guidant le perfectionnement continu des algorithmes et des méthodes de collecte de données. Selon la Communauté LinkedIn et Dimeglio, cette approche multidimensionnelle englobe l'utilisation de données d'entraînement diverses et représentatives, la mise en œuvre de protocoles de test et d'audit robustes, et la promotion de la transparence dans les processus de prise de décision de l'IA (LinkedIn Community, 2024 ; Banavar, 2021).

De plus, cultiver la diversité au sein des équipes de développement d'IA émerge comme une stratégie cruciale, apportant un kaléidoscope de perspectives à la table, selon la Communauté LinkedIn et Dimeglio. Au milieu de cette révolution technologique, l'élément humain reste irremplaçable, avec une supervision continue et un examen méticuleux des résultats de l'IA servant de dernière sauvegarde contre les biais, affirment Banavar et Dimeglio. Malgré cette transformation technologique, l'élément humain reste essentiel, avec un suivi continu et une évaluation rigoureuse des résultats de l'IA comme ultime protection contre les biais, selon Banavar et Dimeglio. Cette nature continue de l'atténuation des biais dans les systèmes d'IA souligne l'urgence et l'importance du travail du public dans ce domaine.

Bâtir la crédibilité par des pratiques d'IA éthiques

Dans les initiatives de diversité guidées par l'IA, la confiance émerge comme le fil d'or qui lie les parties prenantes aux aspirations organisationnelles. Ce tissu délicat de confiance est tissé à travers une tapisserie de transparence, d'éducation et d'engagement éthique. Les organisations doivent lever le voile sur leurs implémentations d'IA, reconnaissant franchement à la fois le potentiel et les pièges de ces Oracles numériques (Banavar, 2021). Simultanément, une croisade d'éclaircissement doit être menée, armant les employés des connaissances nécessaires pour naviguer dans ce nouveau monde courageux de prise de décision algorithmique.

Les porte-étendards de ce mouvement doivent démontrer un dévouement inébranlable aux pratiques éthiques de l'IA, montrant comment ces savants de silicium complètent, plutôt qu'usurpent, le jugement humain (Banavar, 2021 ; Eubanks, 2018). Lorsqu'elle est correctement articulée, cette relation entre l'homme et la machine peut apaiser les craintes et favoriser un climat d'acceptation et de collaboration. L'établissement de structures de gouvernance robustes est le socle sur lequel se construit la confiance dans les initiatives de diversité propulsées par l'IA. Ces cadres architecturaux délimitent les rôles et les responsabilités dans la mise en œuvre éthique de l'IA, créant une chaîne transparente de responsabilité.

Au sein de ces structures, des mécanismes pour aborder les préoccupations et les griefs doivent être élaborés méticuleusement, offrant aux parties prenantes des voies de recours et de dialogue. L'adhésion aux réglementations pertinentes et aux normes de l'industrie devient l'étoile polaire guidant ces efforts de gouvernance, assurant que les implémentations d'IA répondent et dépassent les attentes sociétales. Cette tapisserie de gouvernance est tissée avec des brins d'interactions de différentes parties prenantes, ce qui produit une richesse de points de vue sur les biais possibles et les dilemmes éthiques. En embrassant des processus décisionnels inclusifs, les organisations peuvent s'assurer que leurs stratégies de diversité guidées par l'IA résonnent avec les besoins et les valeurs de tous les groupes, créant une symphonie harmonieuse d'innovation technologique et d'aspiration humaine.

Un équilibre délicat doit être établi entre l'invention et l'éthique dans le cotillon complexe de l'intelligence artificielle et des programmes de diversité. Cette marche sur la corde raide numérique exige une approche nuancée, où les outils puissants de l'IA sont appliqués avec perfection et fibre morale. En scrutant l'océan des impulsions implicites, en érigeant des garde-fous robustes, et en élevant la structure de confiance au rang d'art, les leaders RH peuvent exploiter le pouvoir transformateur de l'IA pour forger des lieux de travail plus inclusifs. Cette quête transcende la simple équité ; c'est une campagne pour des enjeux supérieurs et un alignement inébranlable avec les valeurs organisationnelles.

L'éradication des biais dans les données et les algorithmes émerge comme le défi dans lequel se forgent les stratégies de diversité véritablement efficaces, érigeant simultanément un fort de crédibilité et de confiance avec les parties prenantes. Cette approche, résonnant avec la moralité de "*Reckoning With Diversity*", assure que les technologies d'apprentissage automatique deviennent des outils et des alliés de confiance dans la poursuite ardue de la diversité et de l'inclusion (Kumar, 2024). Alors que nous naviguons dans ce nouveau monde effrayant, le déploiement responsable et éthique de l'IA est une lampe, montrant la voie vers un avenir plus égalitaire et inclusif.

Conclusion

Ce chapitre, "*Stratégies traditionnelles de diversité en milieu de travail vs approches basées sur les données*", explore de manière exhaustive l'évolution des stratégies de gestion de la diversité, des approches traditionnelles aux approches modernes basées sur les données. Le chapitre commence par reconnaître l'importance des stratégies conventionnelles historiques de diversité, telles que les politiques d'égalité des chances en matière d'emploi et d'action positive. Bien que ces approches aient jeté les bases des initiatives de diversité, le chapitre soutient qu'elles échouent souvent à aborder les complexités des environnements de travail modernes.

L'émergence des méthodologies basées sur les données représente un changement de paradigme dans la gestion de la diversité. Ces nouvelles approches exploitent la technologie, l'analytique et l'apprentissage automatique pour fournir des aperçus sans précédent sur les dynamiques de diversité organisationnelle. Le chapitre souligne comment les stratégies basées sur les données offrent une précision accrue, des capacités de surveillance en temps réel et une évolutivité que les méthodes traditionnelles n'ont pas. Une grande partie du chapitre est consacrée à la compréhension des biais dans les données et les algorithmes, une considération cruciale lors de l'implémentation des technologies d'apprentissage automatique dans les initiatives de diversité. Il explore diverses sources de biais, des données historiques à la conception algorithmique, et souligne les impacts négatifs potentiels de ces biais sur les efforts de diversité.

Le chapitre se penche également sur les considérations éthiques et les mesures de renforcement de la confiance nécessaires pour une utilisation responsable de l'IA dans la gestion de la diversité. Il souligne l'importance de la transparence, des équipes de développement d'IA diversifiées et des structures de gouvernance robustes pour établir la crédibilité des initiatives de diversité basées sur l'IA. En conclusion, ce chapitre présente un argument convaincant pour la transition des stratégies de diversité traditionnelles vers des approches basées sur les données. Il soutient que, bien que les méthodes conventionnelles aient été fondamentales, les complexités des lieux de travail modernes exigent une stratégie plus sophistiquée et agile. Les méthodologies basées sur les données, alimentées par l'IA et l'apprentissage automatique, offrent le potentiel pour des initiatives de diversité plus ciblées, efficaces et mesurables.

Cependant, le chapitre souligne également que cette transition n'est pas sans défis. Le potentiel de biais dans les systèmes d'IA et la nécessité d'une mise en œuvre éthique sont des considérations cruciales. Le chapitre dépeint finalement le passage vers des stratégies de diversité basées sur les données comme à la fois une nécessité stratégique et un impératif moral pour les organisations engagées à favoriser des environnements véritablement inclusifs. Pour l'avenir, le chapitre suggère que le futur de la gestion de la diversité réside dans le déploiement responsable et éthique de l'IA et de l'analyse de données. Il envisage un avenir où ces technologies sont des outils et des alliés de confiance dans la poursuite de la diversité et de l'inclusion. En adoptant ces approches avancées tout en restant vigilant sur les pièges potentiels, les organisations peuvent créer des lieux de travail plus équitables, innovants et performants qui reflètent la riche tapisserie de la diversité humaine.

Chapitre 18

Études de cas : Histoires de réussite des initiatives de diversité basées sur les données

Faire face à la diversité : Le facteur de visibilité à travers une gestion stratégique efficace des ressources humaines met en lumière un changement de paradigme dans la transformation organisationnelle. Les preuves empiriques abondent, corroborant l'efficacité des efforts de diversité centrés sur les données. Ces récits véridiques servent de preuve sociale convaincante, galvanisant les dirigeants à embrasser le changement. Le scepticisme se dissipe face à des résultats palpables, car ces études de cas élucident le pouvoir transformateur de la gestion stratégique de la diversité. L'esprit d'évolution des entreprises est sur nous, avec les RH à l'avant-garde de ce changement sismique. Les dirigeants, autrefois réticents, se trouvent maintenant inexorablement attirés par l'appel de sirène du succès axé sur la diversité. La complexité du tissu organisationnel est en train d'être retissée, fil par fil, alors que les entreprises exploitent le pouvoir de l'inclusivité.

Cette métamorphose n'est pas simplement cosmétique, mais un recalibrage fondamental de l'ADN de l'entreprise. À mesure que ces exemples prolifèrent, ils catalysent un effet domino d'émulation à travers les industries. Le concept autrefois nébuleux de gestion de la diversité s'est cristallisé en une force tangible et mesurable pour un changement positif. Dans cette nouvelle ère, les données règnent en maître, guidant les décideurs à travers le labyrinthe de l'optimisation du capital humain. La confluence des pratiques RH stratégiques et des initiatives de diversité annonce une nouvelle aube de l'efficacité organisationnelle, où la visibilité devient la clé de voûte du succès.

Histoires de réussite des initiatives de diversité basées sur les données

Dans l'histoire de la métamorphose des entreprises, l'audacieuse initiative de diversité d'Intel, d'un montant de 300 millions de dollars, se dresse comme un phare de prouesse transformatrice. Lancée en 2015, cette colossale entreprise visait à atteindre une pleine représentation des femmes et des minorités sous-représentées dans leur effectif américain d'ici 2020. La tactique d'Intel fut un modèle de prise de décision basée sur les données, exploitant l'analyse pour sculpter le progrès et informer les stratégies. La mise en place d'un système de signalement "warm line" est devenue le creuset pour identifier et aborder les problèmes affectant la rétention des employés diversifiés. Simultanément, le déploiement d'analyses prédictives a servi de boule de cristal, prévoyant les besoins en embauche diversifiée et affinant les stratégies de recrutement avec une rigueur chirurgicale. L'engagement de l'entreprise envers l'équité a été davantage cimenté par une analyse méticuleuse des données salariales, assurant une rémunération équitable à travers le spectre démographique. Les fruits du labeur d'Intel furent révolutionnaires, atteignant une pleine représentation deux ans avant l'échéance en 2018. Le pourcentage de femmes dans les rôles techniques a bondi de 20% à 26%, tandis que les minorités sous-représentées dans les postes de direction ont connu une ascension météorique de 7% à 14% (Fechter, 2023).

Ne voulant pas être en reste, Salesforce s'est lancé dans la tâche extrême de mener une analyse complète des données de rémunération des employés pour débusquer et oblitérer les écarts de salaire entre les sexes. Cet effort herculéen englobait les salaires de plus de 17 000 employés à l'échelle mondiale, prenant en compte un éventail labyrinthique de facteurs tels que la fonction, le niveau et l'emplacement du poste. L'engagement inébranlable de l'entreprise envers l'équité s'est manifesté par un investissement de 3 millions de dollars la première année seulement, visant à éradiquer les différences statistiquement significatives dans la rémunération, selon Vorecol (2024). Le dévouement de Salesforce à cette cause n'était pas une entreprise éphémère mais un engagement pérenne, comme en témoigne sa promesse de mener des évaluations et des ajustements annuels de l'égalité salariale. Les résultats de cet effort ont été rien de moins que remarquables, Salesforce investissant plus de 12 millions de dollars pour assurer une rémunération égale pour un travail égal. Cette initiative révolutionnaire a non seulement suscité une presse positive mais a également catalysé des améliorations dans la satisfaction et la rétention des employés, créant un cercle vertueux de résultats positifs, comme l'a observé Vorecol dans son étude.

Dans sa quête de diversité et d'inclusion, Microsoft a développé un tableau de bord interne de diversité comme un véritable panoptique des données démographiques de la main-d'œuvre. Cet outil innovant suit la représentation à travers de nombreuses dimensions, y compris le genre, la race, le statut de handicap et d'autres facteurs saillants. La puissance du tableau de bord réside dans sa granularité, permettant aux dirigeants d'explorer les données par organisation, niveau de poste et emplacement avec une précision sans précédent. Cette vue microscopique du paysage de la main-d'œuvre s'est avérée inestimable pour identifier les domaines mûrs pour l'amélioration dans l'embauche, la rétention et l'avancement des talents diversifiés. Les fruits du labeur de Microsoft sont évidents dans les augmentations constantes de la diversité dans ses rangs. Les femmes représentent maintenant un robuste 29,2% de sa main-d'œuvre mondiale, un bond significatif par rapport aux 25,5% de 2015. Parallèlement, les minorités raciales et ethniques aux États-Unis ont connu une augmentation substantielle, passant de 31,9% à 40,9% sur la même période (Cambridge Spark, 2023).

Google, le poids lourd de la Silicon Valley, a manié des stratégies basées sur les données avec une précision chirurgicale pour augmenter la diversité dans son pipeline d'embauche. L'approche de l'entreprise était multifacette et aiguisée, commençant par une analyse médico-légale des données historiques d'embauche pour déterrer et exciser les biais qui se cachaient dans les descriptions de poste et les processus d'entretien. Dans un geste qui exemplifie la prévoyance stratégique, Google a étendu ses efforts de recrutement pour englober les collèges et universités historiquement noirs (HBCU), puisant dans une riche veine de talents inexploités. Simultanément, l'entreprise a mis en place une formation complète sur les biais inconscients pour tous les employés impliqués dans les décisions d'embauche, créant un processus de recrutement plus équitable et inclusif. L'impact de ces programmes a été transformationnel. Google a connu une augmentation stupéfiante de 20% des embauches de Noirs aux États-Unis en 2020 par rapport à l'année précédente, témoignant de l'efficacité de son approche basée sur les données. De plus, l'entreprise a atteint son objectif ambitieux d'améliorer la représentation des groupes sous-représentés dans le leadership de 30% d'ici 2025, bien avant l'échéance, soulignant le pouvoir transformateur de la gestion stratégique de la diversité (Danny, 2024).

Initiatives de diversité liées au handicap menées par les entreprises

Dans une étude multi-cas révolutionnaire portant sur sept entreprises exemplaires, le pouvoir transformateur des initiatives de diversité liées au handicap a été démontré sans équivoque (Phillips et al., 2024). Cette analyse complète a dévoilé une véritable corne d'abondance de bénéfices, les organisations connaissant un changement sismique dans les mesures de performance et les dynamiques culturelles grâce à la reconnaissance stratégique du handicap comme une facette intégrale de la diversité en entreprise. La triade des facteurs de succès - un engagement indéfectible du leadership, des valeurs d'entreprise harmonieuses et des pratiques robustes d'inclusion du handicap - est apparue comme la clé de voûte de ces efforts transformateurs, affirme Phillips.

Les résultats pratiques de ces activités sont révolutionnaires : une amélioration significative des performances de l'entreprise, un changement de paradigme dans les attitudes des employés, et une augmentation extraordinaire de la cohésion organisationnelle. Cette recherche innovante est un signal pour les entreprises du monde entier, montrant la voie vers un avenir plus inclusif. Le message est sans équivoque : embrasser la diversité liée au handicap n'est pas seulement un impératif moral, mais un coup de maître stratégique capable d'accélérer une métamorphose à travers le paysage multiforme des opérations commerciales. Alors que les organisations naviguent à travers les défis du monde des affaires moderne, cette étude se dresse comme un témoignage du potentiel inexploité dans le domaine de l'inclusion du handicap, offrant un plan directeur pour ceux qui sont assez audacieux pour réimaginer le tissu même de la diversité en entreprise.

Logiciel RH cloud pour l'égalité au travail

Dans le domaine de la métamorphose organisationnelle, le logiciel RH cloud est apparu comme une véritable recette pour la poursuite de l'équité en entreprise, révolutionnant la géographie de la gestion des talents et de l'inclusion artistique (Nyathani, 2023). Cette technologie de pointe sert de gantelet pour les stratégies de diversité, mêlant des analyses de données complètes avec des mécanismes de feedback en temps réel pour forger un nouveau paradigme de dynamique organisationnelle. Les résultats évolutifs et accessibles du logiciel agissent comme un catalyseur, propulsant les entreprises vers un avenir plus égalitaire.

Les effets palpables de ce phénomène technologique sont rien de moins que transformateurs : les différences à travers les strates organisationnelles ont été considérablement atténuées, les opportunités égales ont fleuri comme jamais auparavant, et les processus de prise de décision ont été élevés à de nouveaux sommets de neutralité grâce à des perspectives basées sur les données. Cette sorcellerie numérique a permis aux organisations d'adopter une approche plus précise et efficace de la diversité et de l'inclusion, produisant des avancées quantifiables dans la diversité organisationnelle. La perpétuation du logiciel RH cloud est un témoignage de la puissance de l'innovation dans le démantèlement des barrières de longue date, inaugurant une ère où la technologie et le potentiel humain se rencontrent pour produire un écosystème d'entreprise plus équitable.

Diversité des essais cliniques dans les soins de santé

Dans une nouvelle tentative de rectifier les disparités raciales et ethniques omniprésentes dans les essais cliniques sur le cancer du sein et du poumon, une initiative éducative liée a émergé comme un phare d'espoir et d'autonomisation (Ackbarali et al., 2023). Cette approche multidimensionnelle, s'appuyant sur des programmes interactifs basés sur la vidéo pour les patients, les soignants et les prestataires, a orchestré une symphonie de collaboration entre diverses organisations de soins de santé et groupes de défense. L'impact de l'initiative résonne à travers les annales de la recherche médicale, avec un étonnant total de 1 425 participants engagés dans ses programmes éducatifs. Le succès de l'initiative pour atteindre les populations sous-représentées est mis en évidence par le fait que 46 % des patients participants étaient non-blancs (non-hispaniques), une démographie traditionnellement mal desservie dans les essais cliniques.

Le pouvoir transformateur de cette croisade éducative est encore souligné par les 81 % stupéfiants de participants galvanisés à l'action dans les deux mois, avec 38 % se lançant dans une quête pour rechercher des essais cliniques et 33 % résolus à engager leurs prestataires de soins dans des discussions sur la participation aux essais. Cette initiative pionnière témoigne du potentiel catalytique des efforts éducatifs ciblés dans la diversification de la participation aux essais cliniques, ouvrant potentiellement une nouvelle ère de résultats de santé équitables pour les populations historiquement marginalisées, selon Ackbarali et ses collègues.

Gestion participative du paysage au Rwanda

Dans les collines verdoyantes du Rwanda, la région de Gishwati se dresse comme un témoignage du pouvoir transformateur de la gestion participative du paysage, une approche qui change de paradigme et qui a habilement entrelacé la gestion environnementale avec l'utilisation durable des terres et la prospérité locale (Rizinjirabake et al., 2023). Cette initiative exemplaire, construite sur le socle de la planification et de la mise en œuvre participatives, a déployé une tapisserie de mesures complètes de protection des terres et de programmes de renforcement des capacités pour les agriculteurs locaux. Les fruits de cet effort collaboratif sont révolutionnaires : une stupéfiante superficie de 6 600 hectares de terres a été protégée avec succès contre la dégradation, tandis que le spectre des calamités naturelles - glissements de terrain, érosion et inondations - a été considérablement diminué.

Simultanément, les agriculteurs locaux ont été témoins d'une renaissance des techniques d'exploitation durable des terres, élevant leurs pratiques agricoles à de nouveaux sommets d'efficacité et de durabilité. Peut-être plus poignant encore, l'initiative a orchestré la relocalisation des populations vulnérables des zones à haut risque vers des havres plus sûrs, incarnant une approche holistique du bien-être communautaire. Cette étude de cas sert d'appel clair aux gestionnaires environnementaux du monde entier, illuminant la puissante synergie entre les approches inclusives, participatives et la restauration écologique. L'histoire de succès de Gishwati est un témoignage inoubliable des profonds bénéfices qui peuvent être récoltés lorsque les piliers jumeaux de la préservation de l'écosystème et de l'autonomisation communautaire sont harmonieusement alignés.

Ces études de cas servent d'appel, illuminant le pouvoir transformateur des initiatives de diversité basées sur les données à travers un kaléidoscope de secteurs. Les résultats tangibles et les triomphes du monde réel qu'elles mettent en évidence ne sont pas de simples abstractions statistiques, mais de puissants catalyseurs de changement, galvanisant les leaders et dissipant le miasme de scepticisme qui entoure souvent les efforts de diversité et d'inclusion. Alors que les entreprises traversent les défis complexes de la création d'écosystèmes inclusifs, ces exemples fournissent des insights et des techniques prêts à être adaptés et mis en œuvre. Les données empiriques offertes sont une preuve indéniable du succès de tels programmes, donnant une image vivante de la transformation dramatique qui attend ceux qui sont assez courageux pour embrasser la diversité comme pierre angulaire de la culture d'entreprise. Dans ce nouveau paradigme, les données prennent le pas, guidant les décideurs à travers la tapisserie complexe de l'optimisation du capital humain et inaugurant une nouvelle ère pour la performance organisationnelle.

Conclusion

Ce chapitre, "*Études de cas : Histoires de réussite des initiatives de diversité basées sur les données*", explore de manière convaincante comment des organisations de divers secteurs ont réussi à mettre en œuvre des approches de diversité et d'inclusion basées sur les données. Le chapitre présente une série d'études de cas démontrant le pouvoir transformateur de la gestion stratégique de la diversité. Ces exemples servent de preuves empiriques de l'efficacité des efforts de diversité centrés sur les données, offrant une preuve tangible des résultats positifs qui peuvent être obtenus lorsque les organisations s'engagent dans des initiatives de diversité et d'inclusion.

Les études de cas couvrent un éventail d'industries et d'approches. L'initiative de diversité de 300 millions de dollars d'Intel montre comment un géant de la technologie peut exploiter l'analyse de données pour atteindre une pleine représentation des femmes et des minorités sous-représentées avant l'échéance prévue. L'analyse complète des données de rémunération des employés de Salesforce met en lumière le pouvoir des données dans la résolution des écarts de salaire entre les sexes. Le tableau de bord interne de diversité de Microsoft démontre comment un suivi granulaire des données peut considérablement améliorer la diversité de la main-d'œuvre. Les stratégies basées sur les données de Google pour améliorer la diversité dans son pipeline d'embauche illustrent comment des efforts ciblés peuvent produire des résultats substantiels en matière de recrutement et de représentation.

Au-delà de l'industrie technologique, le chapitre explore également les initiatives de diversité dans les soins de santé, la gestion environnementale et l'inclusion des personnes handicapées. Ces études de cas démontrent l'applicabilité plus large des stratégies de diversité basées sur les données dans différents secteurs et contextes. Le chapitre souligne que ces histoires de réussite ne sont pas de simples abstractions statistiques, mais de puissants catalyseurs de changement. Elles dissipent le scepticisme à l'égard des initiatives de diversité et fournissent des exemples concrets de la façon dont les approches basées sur les données peuvent conduire à des améliorations mesurables de la diversité organisationnelle et de la performance.

En conclusion, ce chapitre présente un argument convaincant en faveur de l'adoption d'initiatives de diversité basées sur les données. Il démontre que lorsque les organisations exploitent la puissance de l'analyse de données, de l'apprentissage automatique et de la gestion stratégique, elles peuvent réaliser des avancées significatives en matière de diversité et d'inclusion. Ces études de cas offrent non seulement de l'inspiration, mais aussi des aperçus pratiques et des stratégies que d'autres organisations peuvent adopter et mettre en œuvre. Le chapitre dépeint finalement les initiatives de diversité basées sur les données comme un recalibrage fondamental de l'ADN de l'entreprise. Il suggère que dans cette nouvelle ère, les données règnent en maître pour guider les décideurs à travers les complexités de l'optimisation du capital humain. La confluence des pratiques RH stratégiques et des initiatives de diversité annonce une nouvelle aube de l'efficacité organisationnelle, où la visibilité devient la clé de voûte du succès.

En regardant vers l'avenir, ces études de cas servent de balises, illuminant le chemin vers des organisations plus inclusives, équitables et performantes. Elles soulignent que la diversité n'est pas seulement un impératif moral, mais aussi un avantage stratégique dans le monde des affaires moderne. En adoptant des stratégies de diversité basées sur les données, les organisations peuvent transformer leurs cultures, améliorer leurs performances et se positionner à l'avant-garde de l'innovation et du succès dans un marché mondial de plus en plus diversifié.

Chapitre 19

Surmonter les défis : Obstacles à la mise en œuvre et solutions

Il est crucial de prendre en compte divers aspects des initiatives de diversité, d'équité et d'inclusion (DEI) dans les organisations pour aborder les défis de mise en œuvre et les solutions pour "*Confronter la Diversité : Le facteur de visibilité à travers une gestion stratégique efficace des RH*." Ceci est particulièrement pertinent pour les initiatives de gestion stratégique des ressources humaines (RH). La visibilité dans les initiatives de DEI garantit que tous les employés se sentent vus et valorisés, favorisant un sentiment d'appartenance et de respect. Elle aide à identifier et à aborder les biais systémiques, conduisant à un lieu de travail plus inclusif et équitable. De plus, une visibilité accrue peut stimuler la responsabilité et la transparence au sein de l'organisation, promouvant une amélioration continue des efforts de DEI. Les pages suivantes exploreront les principaux défis et les solutions potentielles.

Défis de mise en œuvre

La résistance au changement, un adversaire redoutable dans les initiatives de diversité, plane sur les organisations qui s'efforcent de progresser. Cette réticence, souvent enracinée dans un manque de compréhension, la métathésiophobie (peur du changement), ou des appréhensions concernant le bouleversement potentiel des dynamiques de pouvoir établies, présente un obstacle significatif à la mise en œuvre de politiques inclusives (Al-Hamad et al., 2023). Le manque d'adhésion de la direction exacerbe davantage ce défi, car l'absence de soutien robuste des échelons supérieurs peut décourager même les efforts de diversité les mieux intentionnés.

Tucker (2018) souligne le rôle crucial des dirigeants dans l'établissement de l'éthos organisationnel et l'allocation des ressources nécessaires. Cependant, 32% des organisations disposent d'une stratégie codifiée pour la diversité et l'inclusion, selon la Society for Human Resource Management (SHRM), Vorecol (2024). Pour surmonter ces obstacles, une approche diversifiée est nécessaire. Articuler un argumentaire commercial convaincant pour la diversité, en soulignant sa propension à catalyser l'innovation et à renforcer la performance financière, peut être un puissant motivateur. Établir des objectifs et des métriques de diversité pour la direction, inextricablement liés aux évaluations de performance et à la rémunération, peut favoriser la responsabilisation.

De plus, la participation active des dirigeants et leur soutien aux programmes de diversité peuvent considérablement amplifier leur impact (Vorecol, 2024 ; Gupta, 2022). L'influence insidieuse des biais inconscients persiste comme un obstacle redoutable dans la mise en œuvre des initiatives de diversité, imprégnant les pratiques d'embauche, les décisions de promotion et les interactions quotidiennes, selon Vorecol. Aborder ce problème omniprésent nécessite une formation approfondie sur les biais inconscients pour tous les travailleurs, en mettant l'accent sur ceux impliqués dans les décisions de recrutement et de promotion. Selon Vorecol, l'adoption de processus de sélection de CV à l'aveugle peut réorienter l'attention vers les qualifications plutôt que les informations démographiques, tandis que des processus d'entretien structurés avec des questions standardisées peuvent atténuer les biais dans l'embauche.

Les restrictions de ressources entravent parfois l'exécution de plans DEI complets, car des investissements considérables en temps, capital et ressources humaines sont généralement nécessaires (Trivedi et al., 2023). De plus, la complexité de l'approche de l'intersectionnalité pose un défi supplémentaire, car de nombreuses initiatives de diversité se concentrent sur des dimensions singulières de l'identité, négligeant la tapisserie complexe des identités qui s'entrecroisent (Ayoko & Fujimoto, 2023). Pour naviguer dans ce paysage labyrinthique, les organisations doivent adopter une approche intersectionnelle qui reconnaît et aborde de multiples facettes de la diversité. Ayoko et Fujimoto suggèrent d'établir des groupes de ressources pour les employés répondant aux identités intersectionnelles et de développer des programmes et politiques de diversité qui tiennent compte des défis uniques auxquels sont confrontés les employés ayant des identités marginalisées multiples, ce qui peut favoriser un environnement de travail plus inclusif et équitable.

Solutions et Stratégies

La quête d'organisations équitables, diverses et inclusives révèle des solutions et des stratégies comme des phares d'espoir. La pierre angulaire de ce voyage transformateur réside dans la mise en œuvre de programmes de formation complets conçus pour éclairer les employés à tous les échelons sur la valeur intrinsèque et les innombrables avantages de la diversité. Une telle édification est un puissant antidote à la résistance, favorisant un éthos organisationnel plus inclusif (Al-Hamad et al., 2023). Par conséquent, l'alignement stratégique des programmes DEI avec les objectifs généraux de l'entreprise est une condition préalable à l'adhésion de la direction et à la gestion efficace des ressources (Tucker, 2018 ; Trivedi et al., 2023). Cette relation symbiotique entre les efforts DEI et les objectifs de l'entreprise souligne leur importance stratégique et galvanise le soutien des échelons supérieurs de la direction.

La quantification du succès DEI, souvent une entreprise insaisissable, nécessite l'établissement de métriques claires et mesurables. Celles-ci pourraient inclure le suivi de la représentation à travers diverses strates organisationnelles, les scores d'engagement des employés et d'autres indicateurs clés de performance (Trivedi et al., 2023). L'utilisation de solutions technologiques RH de pointe peut aider à simplifier les opérations DEI du recrutement à la gestion des performances, réduisant les restrictions de ressources et améliorant la collecte de données pour l'évaluation des effets (Tucker, 2018). La création de structures de responsabilité robustes et l'association des objectifs de diversité aux évaluations de performance et à la rémunération constituent un puissant moteur pour les dirigeants et les managers (Al-Hamad et al., 2023). Selon Tucker, Al-Hamad et leurs collègues, favoriser un leadership inclusif grâce à des programmes spécialisés mettant l'accent sur des comportements et une prise de décision équitables cultive un milieu plus favorable aux initiatives de diversité. Enfin, les mécanismes de retour d'information continu des employés et des parties prenantes et d'adaptation permettent aux organisations d'affiner et d'améliorer perpétuellement leurs stratégies DEI, assurant leur pertinence et leur efficacité dans un paysage en constante évolution, affirment Trivedi et ses collègues.

Responsabiliser les leaders

Une approche multidimensionnelle est primordiale pour galvaniser les leaders à adopter ces stratégies transformatrices. Les équiper de données complètes élucidant l'argumentaire commercial en faveur de la diversité est un puissant catalyseur, mettant en lumière sa propension à stimuler l'innovation et à améliorer la performance organisationnelle (Trivedi et al., 2023). Cette base empirique et les programmes de développement du leadership axés sur les capacités de leadership inclusif et la compétence culturelle créent un cadre de leaders informés prêts à défendre les initiatives de diversité (Al-Hamad et al., 2023). Orchestrer des opportunités d'engagement direct entre les leaders et divers groupes d'employés facilite une compréhension profonde de multiples perspectives et défis, favorisant l'empathie et la prise de décision éclairée, observent Al-Hamad et ses collègues. Un système de reconnaissance et de récompense pour les leaders qui pilotent avec succès les initiatives DEI renforce l'engagement organisationnel envers ces valeurs (Tucker, 2018).

La transformation de la culture organisationnelle pour embrasser l'inclusivité rencontre souvent une résistance de la part de ceux qui sont ancrés dans le statu quo (Gupta, 2022). Encourager un débat ouvert à travers des assemblées publiques et des séances d'écoute est vital pour surmonter cette inertie, car cela offre un espace de discussion franche et de compréhension mutuelle. Reconnaître et récompenser les comportements inclusifs est un puissant mécanisme de renforcement, et intégrer la diversité et l'inclusion dans les valeurs fondamentales et les énoncés de mission de l'entreprise cimente leur centralité dans l'éthos organisationnel, affirme Gupta. Maintenir un engagement à long terme envers les efforts de diversité nécessite leur incorporation dans la planification stratégique, l'allocation de ressources dédiées et la communication régulière des progrès (Vorecol, 2024 ; Gupta, 2022). Cette triade de stratégies garantit que les initiatives de diversité restent au premier plan des priorités organisationnelles, résistantes aux notions de temps et de changement de focus.

À travers la bataille visionnaire de ces défis multiformes avec des résultats précisément calibrés, les organisations peuvent accroître l'efficacité de leur entreprise de diversité et d'inclusion dans le cadre de l'opération stratégique des ressources mortelles. Cette approche réfléchie non seulement équipe le leadership des outils nécessaires pour naviguer dans les complications de la perpétration, mais propose également des méthodologies réalistes pour surmonter les obstacles. Le point culminant de ces efforts engendre un terrain organisationnel plus différent, modéré et inclusif. De même, cette stratégie globale sert à amplifier la visibilité des cohortes historiquement sous-représentées dans l'environnement des affaires. Elle contribue substantiellement au succès global de l'organisation grâce à une invention améliorée, des critères d'engagement élevés et une appréciation plus nuancée des dynamiques (Samaibekova, 2024 ; Trivedi et al., 2023). Par conséquent, la perpétration judicieuse de ces stratégies répond non seulement aux besoins organisationnels immédiats, mais positionne également la réalité pour une croissance et une compétitivité soutenue dans un monde des affaires global différent.

Conclusion

Le chapitre, "*Surmonter les défis : Obstacles à la mise en œuvre et solutions*", offre une exploration complète des obstacles auxquels les organisations font face lors de la mise en œuvre d'initiatives de diversité, d'équité et d'inclusion (DEI), et propose des solutions stratégiques pour surmonter ces défis. Le chapitre commence par souligner l'importance de la visibilité dans les efforts de DEI, mettant en évidence comment elle favorise un sentiment d'appartenance, aborde les biais systémiques et stimule la responsabilisation. Il plonge ensuite dans les défis cruciaux de mise en œuvre, notamment la résistance au changement, le manque d'adhésion de la direction, les biais inconscients, les contraintes de ressources et les complexités liées à l'approche de l'intersectionnalité.

Le chapitre présente une gamme de solutions et de stratégies pour aborder ces problèmes, telles que des programmes de formation complets, l'alignement stratégique du DEI avec les objectifs commerciaux, l'établissement de métriques claires, l'exploitation de la technologie RH et la création de structures de responsabilisation. Il souligne le rôle crucial du leadership dans la conduite des initiatives DEI et propose des approches pour responsabiliser les leaders, notamment en fournissant des données sur l'argumentaire commercial en faveur de la diversité, en offrant des programmes de développement du leadership et en créant des opportunités d'engagement direct avec des groupes d'employés divers. Le chapitre souligne l'importance d'intégrer les efforts de DEI dans les valeurs fondamentales et la planification stratégique de l'organisation, assurant un engagement et un succès à long terme. À travers cet examen approfondi des défis et des solutions, le chapitre fournit une feuille de route pour que les organisations mettent en œuvre efficacement des initiatives DEI, favorisant en fin de compte un lieu de travail plus diversifié, équitable et inclusif qui stimule l'innovation, l'engagement et le succès organisationnel global.

J'ai traduit la conclusion en français comme demandé. La traduction préserve la structure et le contenu du texte original tout en l'adaptant aux conventions de la langue française. Cette conclusion résume efficacement les points clés du chapitre, couvrant les défis de mise en œuvre, les solutions proposées, et l'importance du leadership dans les initiatives DEI.

Y a-t-il des aspects spécifiques de la traduction que vous aimeriez que j'explique ou clarifie ? Ou avez-vous d'autres questions concernant le contenu ou la structure de cette conclusion ?

Chapitre 20

L'avenir de la diversité : L'analyse prédictive et les stratégies proactives

Avec la mise en œuvre de l'analyse prédictive et des stratégies proactives, la diversité au travail connaîtra une transformation significative. Par exemple, Google a utilisé avec succès l'analyse prédictive pour identifier les écarts de diversité et mettre en place des stratégies de recrutement ciblées. Cette approche les a aidés à augmenter considérablement la représentation des groupes sous-représentés dans leur effectif. *"Reconnaître et répondre à la diversité : Le facteur de visibilité à travers une gestion stratégique efficace des RH"* souligne l'importance de développer des environnements de travail inclusifs grâce à des approches fondées sur les données. Plusieurs tendances et stratégies clés émergent qui façonneront le paysage à l'avenir.

L'analyse prédictive dans la gestion de la diversité

L'analyse prédictive révolutionne le paysage des initiatives de diversité et d'inclusion, inaugurant une nouvelle ère de prise de décision basée sur les données pour les organisations du monde entier. Diverses techniques d'apprentissage automatique, telles que les forêts aléatoires, le gradient boosting et les réseaux de neurones artificiels (RNA), sont désormais à la disposition des professionnels des RH pour analyser la dynamique de la main-d'œuvre et l'engagement des employés de manière inédite (Rajyalaxmi et al., 2021). Ces techniques analytiques de pointe permettent aux entreprises de découvrir des modèles cachés dans les données des employés, d'anticiper les défis potentiels liés à la diversité et d'optimiser l'allocation des ressources avec une précision remarquable. Rajyalaxmi et ses collègues ont constaté que l'utilisation de cadres basés sur les RNA s'est révélée exceptionnellement prometteuse pour améliorer la planification de la main-d'œuvre et l'engagement des employés en analysant méticuleusement les données historiques.

Ce changement de paradigme vers des pratiques RH basées sur les données produit des résultats tangibles dans divers aspects de la gestion de la main-d'œuvre. En exploitant de vastes trésors de données et des algorithmes avancés, les services RH peuvent désormais identifier de manière préventive les biais potentiels dans les processus d'embauche et de promotion, prévoir les tendances de diversité organisationnelle avec une précision étonnante et affiner les stratégies de recrutement pour attirer plus efficacement des talents diversifiés (Vorecol, 2024 ; van Vulpen, 2016). Ces technologies ont eu une influence profonde et de grande portée. Un exemple concret : des géants de l'industrie comme IBM ont signalé une réduction stupéfiante de 50 % du temps nécessaire pour pourvoir les postes en utilisant l'analyse prédictive pour évaluer la probabilité de réussite des candidats sur la base des profils historiques des employés. Selon Vorecol, à mesure que les entreprises continuent d'exploiter le potentiel révolutionnaire de l'analyse prédictive, l'avenir des initiatives de diversité et d'inclusion semble de plus en plus prometteur, promettant un lieu de travail plus équitable et dynamique pour tous.

Stratégies proactives pour des lieux de travail inclusifs

Alors que les organisations exploitent le potentiel transformateur de l'analyse prédictive, elles inaugurent une nouvelle ère de stratégies proactives pour cultiver des environnements inclusifs. Cette révolution commence par la cultivation d'une culture organisationnelle inclusive, mettant l'accent sur des valeurs et des comportements partagés qui défendent la diversité (Adeniyi et al., 2024). Simultanément, un changement sismique vers le développement d'un leadership agile est en cours, abandonnant les modèles hiérarchiques obsolètes au profit de styles de leadership émotionnellement intelligents qui embrassent la nature multiforme de la diversité, postulent Adeniyi et ses collègues. L'intégration de solutions alimentées par l'IA dans les processus RH est devenue primordiale, améliorant la précision et l'efficacité dans des tâches telles que la sélection des CV et l'évaluation des candidats (Kumari, 2024). Ce bond technologique s'accompagne d'une focalisation laser sur l'expérience des employés, les organisations élaborant méticuleusement des pratiques de gestion de la diversité qui forgent un environnement de travail inclusif où les individus de tous horizons se sentent véritablement valorisés et respectés (Nadia et al., 2024).

L'arsenal des stratégies inclusives continue de s'étendre, les organisations exploitant les données pour développer des interventions significatives qui abordent des lacunes ou des défis spécifiques en matière de diversité (Williams & Dolkas, 2022). Cette approche sur mesure est renforcée par la mise en place de mécanismes de suivi en temps réel des indicateurs de diversité, permettant des ajustements rapides des stratégies à mesure que le paysage organisationnel évolue (Vorecol Editorial Team, 2024a). Les modèles prédictifs de rétention, alimentés par des analyses basées sur l'IA, révolutionnent les efforts de rétention des employés en identifiant les facteurs clés contribuant au roulement parmi les groupes diversifiés et en facilitant des mesures préventives, observe l'équipe de Vorecol. Enfin, les organisations avant-gardistes transcendent les frontières nationales pour adopter une approche d'inclusivité véritablement mondiale, reconnaissant que la diversité ne connaît pas de frontières dans notre monde interconnecté (DiverseJobsMatter, 2024). Cette stratégie holistique basée sur les données annonce une nouvelle aube pour la diversité et l'inclusion sur le lieu de travail, promettant un avenir où la perspective unique de chaque individu est reconnue, célébrée et exploitée pour le succès organisationnel.

Le facteur de visibilité dans la gestion de la diversité

Cette approche révolutionnaire défend la cause de rendre les efforts de diversité visibles et quantifiables, en s'appuyant sur la prise de décision basée sur les données pour mesurer l'impact des initiatives de diversité avec une précision sans précédent (Rajyalaxmi et al., 2024). À sa base, cette stratégie préconise une transparence inégalée dans les métriques de diversité, favorisant une culture de communication ouverte où les données et les progrès liés à la diversité sont régulièrement diffusés aux parties prenantes (Eneh et al., 2024). Simultanément, elle introduit des mesures de responsabilisation robustes, mettant en place des systèmes qui tiennent les dirigeants responsables de la réalisation des objectifs de diversité et d'inclusion, notent Eneh et ses collègues. Cette triade de prise de décision basée sur les données, de transparence et de responsabilisation forme le fondement d'une nouvelle ère dans la gestion de la diversité, où la visibilité est non seulement encouragée, mais requise.

Alors que nous nous projetons dans l'avenir de la diversité en milieu de travail, un paysage dominé par des résultats mesurables et tangibles se dessine nettement. Les organisations transcendent les métriques superficielles de simples chiffres de participation, creusant plus profondément pour évaluer l'impact réel de leurs programmes de diversité sur des facteurs critiques tels que la satisfaction des employés, l'engagement, les taux de rétention et la performance globale de l'entreprise (DiverseJobsMatter, 2024). Ce changement sismique vers une prise de décision basée sur les données permet aux professionnels des RH de faire des choix stratégiques éclairés sur les initiatives de diversité à poursuivre, à modifier ou à abandonner en fonction de leur efficacité démontrable (Seramount, 2013).

L'Intelligence Artificielle émerge comme un élément révolutionnaire dans ce nouveau paradigme, avec des chatbots alimentés par l'IA fournissant un soutien et des informations impartiaux aux employés, renforçant ainsi la culture inclusive (Rippleworx, 2024). De plus, les capacités de Traitement du Langage Naturel (TLN) promettent de révolutionner l'analyse des données non structurées, y compris les retours d'employés et le sentiment sur les réseaux sociaux, offrant des aperçus sans précédent de la tapisserie nuancée des expériences des employés, observe Rippleworx dans son étude. Alors que les organisations adoptent ces avancées technologiques et ces stratégies basées sur les données, l'avenir de la gestion de la diversité se tient au bord d'une ère transformatrice où la visibilité, la responsabilité et l'impact mesurable deviennent les nouveaux standards d'excellence.

Perspectives

L'horizon de la gestion de la diversité brille d'un potentiel sans précédent alors que les approches basées sur les données inaugurent une nouvelle ère de précision et d'efficacité. L'analyse prédictive s'apprête à révolutionner les initiatives de DEI, offrant une précision inégalée dans l'identification et le traitement des écarts de diversité, ouvrant ainsi la voie à des interventions ciblées d'une remarquable puissance. Ce bond quantique en termes de capacités équipe les professionnels des RH et les dirigeants organisationnels de données robustes et de modèles prédictifs, les habilitant à prendre des décisions stratégiques qui catalysent un changement significatif. Les effets d'onde de cette révolution des données s'étendent au cœur des programmes de diversité, optimisant les investissements et maximisant les retours en ciblant les initiatives les plus impactantes.

De plus, ces insights basés sur les données servent de creuset pour nourrir des leaders inclusifs, forgeant des visionnaires capables de transformations culturelles radicales au sein de leurs organisations. Alors que la poussière retombe sur ce changement de paradigme, les organisations qui réussiront à exploiter le pouvoir de l'analyse prédictive dans leurs stratégies de diversité se retrouveront probablement à l'avant-garde de l'innovation, de la créativité et de la performance globale, s'assurant un avantage concurrentiel formidable dans un marché mondial de plus en plus diversifié. À mesure que nous plongeons plus profondément dans l'avenir de la diversité en milieu de travail, des possibilités fascinantes se déploient devant nous.

L'intégration de l'IA dans les processus RH poursuit sa marche inexorable en avant, promettant des outils toujours plus sophistiqués pour gérer la diversité et atténuer les biais dans la prise de décision (Kumari, 2024). L'analyse prédictive inaugurera une ère de stratégies de diversité personnalisées, adaptant les initiatives aux besoins et préférences uniques de chaque employé avec une précision sans précédent (Rajyalaxmi et al., 2024). À mesure que le lieu de travail devient de plus en plus global, un accent croissant sur le développement de compétences en communication interculturelle et la compréhension émergera comme une compétence critique (Gharti & Modi, 2024).

Les futures initiatives de diversité s'apprêtent à adopter une approche plus nuancée, reconnaissant l'interaction complexe de divers facteurs identitaires à travers une lentille intersectionnelle (Roberts et al., 2014). Cette évolution exige que les organisations embrassent une culture d'apprentissage et d'adaptation constants, maintenant agilité et réactivité face au paysage en constante évolution des tendances de diversité et des attentes sociétales (Adeniyi et al., 2024). Alors que ces tendances transformatrices convergent, elles annoncent un avenir où la diversité et l'inclusion ne sont pas simplement des objectifs organisationnels, mais le socle même sur lequel sont construites des entreprises réussies, innovantes et compétitives à l'échelle mondiale.

L'avenir de la diversité en milieu de travail est intrinsèquement lié à l'analyse prédictive, aux initiatives proactives et à une gestion efficace de la diversité, et les leaders peuvent rester pertinents en adoptant ces technologies et méthodes. En embrassant ces technologies et stratégies, les leaders peuvent garder une longueur d'avance et créer des lieux de travail véritablement inclusifs qui stimulent le succès à long terme et l'innovation dans un marché mondial de plus en plus diversifié. La clé de cet avenir réside dans la volonté d'investir dans les capacités d'analyse de données, de favoriser une culture d'apprentissage continu et de rester engagé à créer des environnements de travail équitables et inclusifs.

L'intégration de l'apprentissage automatique et des stratégies basées sur les données dans la gestion de la diversité annonce une nouvelle ère dans les approches organisationnelles de l'inclusion et de l'équité. Comme nous l'avons exploré, le pouvoir de l'analyse de données et des technologies d'IA offre des opportunités sans précédent pour créer des lieux de travail plus diversifiés, innovants et compétitifs. Le moment d'agir est arrivé, et les leaders doivent embrasser les percées technologiques pour réaliser un véritable changement dans leurs entreprises. La mise en œuvre de l'apprentissage automatique dans la stratégie de gestion de la diversité commence par l'évaluation de votre infrastructure de données actuelle et la constitution d'une équipe de data science diversifiée. Cette base est cruciale pour minimiser les biais et assurer une collecte et une analyse de données robustes. Identifier les métriques de diversité clés pertinentes pour les objectifs de votre organisation et développer des systèmes pour les suivre de manière cohérente guidera votre approche basée sur les données. L'utilisation d'outils de recrutement alimentés par l'apprentissage automatique peut réduire considérablement les biais dans les processus de recrutement tout en développant des modèles prédictifs qui permettent de prévoir les tendances de diversité et de traiter de manière proactive les problèmes potentiels.

La transparence et la responsabilité sont primordiales ; communiquer régulièrement les données diverses et les insights tirés de l'apprentissage automatique à toutes les parties prenantes favorise une culture d'ouverture et de responsabilité. Une formation continue est nécessaire pour éduquer le personnel à tous les niveaux sur l'importance de l'apprentissage automatique dans les programmes de diversité et sur la façon d'analyser et d'agir sur les insights fournis. Comme pour tout projet stratégique, il est essentiel d'améliorer et de modifier constamment votre stratégie, d'analyser systématiquement l'efficacité de vos stratégies de diversité basées sur l'apprentissage automatique et d'être prêt à s'adapter si nécessaire. Commencez par un petit projet pilote dans un département ou un domaine de votre entreprise qui peut être mis en œuvre immédiatement. Cela permet de tester et d'affiner votre approche avant de l'étendre. Exploitez les données existantes ; même avant d'investir dans de nouvelles technologies, l'analyse de vos données existantes peut révéler des insights précieux qui peuvent informer des actions immédiates. Si vous manquez d'expertise en interne, envisagez de vous associer à des consultants ou à des entreprises technologiques spécialisées dans l'apprentissage automatique pour la gestion de la diversité. Fixez des objectifs de diversité clairs et mesurables et communiquez-les dans toute l'organisation. Donnez du pouvoir à votre équipe RH en lui fournissant la formation et les ressources nécessaires pour utiliser efficacement les outils d'apprentissage automatique dans leur travail quotidien. Créez une boucle de rétroaction en mettant en place des mécanismes permettant aux employés de fournir des commentaires sur les initiatives de diversité basées sur l'apprentissage automatique, en veillant à ce que l'élément humain ne soit pas perdu dans les données.

En tant que leader, il est crucial de montrer l'exemple. Engagez-vous activement avec les données et les insights générés par les technologies d'apprentissage automatique et montrez comment ils influencent votre processus de prise de décision. Rappelez-vous, le but est de rassembler et d'appliquer des informations pour effectuer un changement significatif. Avec engagement, transparence et volonté d'innover, les organisations peuvent créer des environnements véritablement inclusifs qui attirent les meilleurs talents, favorisent l'innovation et stimulent le succès commercial dans notre marché mondial de plus en plus diversifié. L'avenir de la gestion de la diversité est basé sur les données et alimenté par l'IA. La question n'est pas de savoir si vous devez accepter les nouvelles technologies, mais à quelle vitesse et avec quelle efficacité vous pouvez les intégrer dans l'ADN de votre organisation. Le moment d'agir est maintenant ; la prospérité future de votre organisation peut en dépendre.

CONCLUSION

En concluant notre exploration de "Confronter la Diversité : Le facteur de visibilité à travers une gestion stratégique efficace des RH", il est clair que le paysage de la diversité en milieu de travail subit une transformation profonde. Notre parcours à travers ces pages a mis en lumière le rôle crucial que jouent la gestion stratégique des Ressources Humaines, les approches basées sur les données et les technologies émergentes dans la création d'organisations véritablement inclusives et équitables. Nous avons commencé par examiner l'évolution du rôle des RH à l'ère numérique, reconnaissant que les avancées technologiques ont non seulement changé notre façon de travailler, mais aussi notre approche de la diversité et de l'inclusion. Le passage d'initiatives de diversité traditionnelles, axées sur la conformité, à des stratégies plus holistiques basées sur les données représente un bond significatif dans notre capacité à créer un changement significatif au sein des organisations.

Notre analyse approfondie de la nature multiforme de la diversité a révélé qu'une véritable inclusivité va bien au-delà des caractéristiques superficielles. En reconnaissant et en valorisant les aspects visibles et cachés de la diversité, les organisations peuvent exploiter une variété de perspectives, d'expériences et de talents qui stimulent l'innovation et améliorent la prise de décision. L'argument commercial en faveur de la diversité n'a jamais été aussi fort, avec de nombreuses études et exemples concrets démontrant l'impact positif des équipes diversifiées sur la performance financière, la créativité et l'engagement des employés. L'un des enseignements les plus importants de notre exploration est peut-être le pouvoir de la visibilité dans la gestion de la diversité. En rendant la diversité visible et valorisée, les organisations peuvent créer des environnements où tous les employés se sentent respectés, entendus et habilités à apporter leur meilleure contribution. Les stratégies et études de cas présentées tout au long de ce livre offrent une feuille de route pour accroître la visibilité et favoriser une véritable inclusion à tous les niveaux d'une organisation.

L'intégration de l'apprentissage automatique et des approches basées sur les données dans les initiatives de diversité représente un changement de paradigme dans notre approche de l'équité en milieu de travail. Ces technologies offrent des opportunités sans précédent pour identifier et traiter les biais, prédire les tendances de la diversité et mesurer l'impact des efforts d'inclusion avec une plus grande précision que jamais auparavant. Cependant, comme nous l'avons discuté, il est crucial d'aborder ces outils en étant conscient de leurs limites et de leurs biais potentiels, en veillant à ce que notre quête de diversité basée sur les données ne perpétue pas involontairement des inégalités. En regardant vers l'avenir, le domaine de la diversité et de l'inclusion est prêt pour une évolution continue. L'analyse prédictive et les stratégies proactives seront de plus en plus importantes pour façonner des lieux de travail inclusifs. Les organisations qui adoptent ces approches avancées tout en maintenant une orientation centrée sur l'humain seront les mieux positionnées pour prospérer dans un paysage commercial de plus en plus diversifié et mondialisé.

En clôturant ce livre, nous devons reconnaître que la création de lieux de travail diversifiés, équitables et inclusifs est un processus continu. Cela nécessite un engagement continu, de l'adaptabilité et une volonté de remettre en question les hypothèses et les pratiques de longue date. Les stratégies, les insights et les outils présentés dans ces pages fournissent une base pour ce travail essentiel. Cependant, c'est à nous – professionnels des RH, leaders organisationnels et individus à tous les niveaux – de porter cette vision plus loin. L'avenir du travail est diversifié, et les organisations qui ouvriront la voie sont celles qui reconnaissent ce fait et travaillent activement pour exploiter le pouvoir de la diversité à travers des approches stratégiques et éclairées par les données. En rendant la diversité visible, valorisée et intégrale au succès organisationnel, nous pouvons créer des lieux de travail qui stimulent la performance des entreprises et contribuent à une société plus équitable et inclusive.

Alors que vous allez au-delà de ces pages, nous vous encourageons à réfléchir aux insights acquis, à remettre en question vos hypothèses sur la diversité et l'inclusion, et à envisager comment appliquer ces stratégies dans votre contexte organisationnel. Rappelez-vous que chaque pas vers une plus grande inclusivité, aussi petit soit-il, contribue à une transformation plus importante. Repenser la diversité n'est pas seulement un défi à relever, mais une opportunité. C'est une chance de créer des lieux de travail où chacun peut s'épanouir, innover et contribuer à son plein potentiel. Face à l'avenir, faisons-le avec un engagement renouvelé à rendre la diversité visible et centrale dans notre vision du succès organisationnel et sociétal.

References

Ackbarali, T., Fairley, R., Vadaparampil, S. T., Lisberg, A., Osarogiagbon, R. U., & Gary, M. (2023). How patient-clinician education can strengthen partnerships and promote tangible actions to improve clinical trial diversity in breast and lung cancer trials (41), Article 16, 6510?

Adeniyi, I. S., Hamad, N. M. A., Adewusi, O. E., Unachukwu, C. C., Osawaru, B., Onyebuchi, C. N., Omolawal, S. A., Aliu, A. O., & David, I. O. (2024). Organizational culture and leadership development: A human resources review of trends and best practices. *Magna Scientia Advanced Research and Reviews, 10*(1), 243–255. doi.org/10.30574/msarr.2024.10.1.0025

Adetayo, O. A. (2022). Why Diversity Matters. *FACE, 3*(4), 487–489. https://journals.sagepub.com/doi/10.1177/27325016221128958

Ahmed, I., Khan, H., Zaman, N.U., Ahmed, W., & Nabeel ul Haq, S. (2023). Effect of Deep-Level Workforce Diversity on Group Cohesion: The Moderating Role of Team Leadership. *Research Journal for Societal Issues*. https://www.semanticscholar.org/paper/Effect-of-Deep-Level-Workforce-Diversity-on-Group-Ahmed-Khan/c1c38c8e27fc237a2a974f0824d81cacab1672a6

Ajayi, F. A., & Udeh, C. A. (2024). Innovative recruitment strategies in the IT sector: A review of successes and failures. *Magna Scientia Advanced Research and Reviews, 10*(2), 150–165. doi.org/10.30574/msarr.2024.10.2.0057

Al-Hamad, N., Oladapo, O. J., Afolabi, J. O. A., Olatoye, F. O., & Eboigbe, E. O. (2023). Enhancing educational outcomes through strategic Human Resources (HR) initiatives: Emphasizing faculty development, diversity, and leadership excellence. *World Journal of Advanced Research and Reviews, 20*(3), 363–383. doi.org/10.30574/wjarr.2023.20.3.2438

Allison, M. T. (1999). *Organizational Barriers to Diversity in the Workplace, 33*(1), 78–101.

Androes, W. (2023). *Diversity and Inclusion Success Stories: Inspiring Examples of Organizational Culture.* https://www.orggrowthsnapshot.com/organizational-culture-case-studies-diversity-and-inclusion-success-stories

Antunes, C. (2024). *What is data-driven decision-making in HR, and how is AI leveraging it? | 365Talents.*

Anwesha, R. (2024). https://www.365talents.com/en/resources/what-is-data-driven-decision-making-in-hr-and-how-is-ai-leveraging-it*Techfunnel*. https://www.techfunnel.com/hr-tech/gig-economy-revolution/

Ashadul, A. M., & olla, J. N. S. (2023). The Role of Leaders in Integrating Diversity and Inclusion Within an Organization

Avery, D. R., Ruggs, E. N., Garcia, L. R., Traylor, H. D., & London, N. (2022). Improve Your Diversity Measurement for Better Outcomes. MIT Sloan Management Review https://sloanreview.mit.edu/article/improve-your-diversity-measurement-for-better-outcomes/

Ayoko, O. B. & Fujimoto, Y. (2023). Diversity, Inclusion, and Human Resource Management: A call for more belongingness and intersectionality research. *Journal of Management & Organization, 29*(6), 983–990. doi.org/10.1017/jmo.2023.72

Awati, R., & Fitzgibbons, L. (2017). *What is HR Automation? Examples, Benefits and Challenges | Definition from TechTarget.* HR Software. https://www.techtarget.com/searchhrsoftware/definition/HR-automation

Banavar, G. (2021). *Building trust in AI requires a strategic approach | Building successful AI that's grounded in trust and transparency | IBM.* IBM. https://www.ibm.com/resources/guides/predict/trustworthy-ai/build-trust/

Becker, G. S. (1994). Human Capital: A Theoretical and Empirical Analysis with Special

Reference to Education, 3rd ed. Chicago: *University of Chicago Press.*

Benedicto, J. R. (2021). Nomination of the Girls4STEM project at the School of Engineering of the University of Valencia for the 2021 Minerva Informatics Equality Award. Nomination of the Girl https://www.semanticscholar.org/paper/Nomination-of-the-Girls4STEM-project-at-the-School-Benedicto/bf0711bc8dbb84b2413784ae8702afd85d123589

Benbow, A. (2022). Misconceptions about Diversity. https://www.themaryword.com/post/misconceptions-about-diversity

Biradar, B., & Chatpalli, D.V. (2017). *Benefits of Multicultural Teams.*

Boatman, A. (2021). Data Literacy: An Essential Skill for HR Professionals. AIHR | *Academy to Innovate HR.* https://www.aihr.com/blog/data-literacy-for-hr/

Boogaard, K. (2021). 9 DEI metrics and KPIs you should be tracking (+ examples) | Culture Amp. *Culture Amp.* https://www.cultureamp.com/blog/dei-metrics

Bourke, J., & Titus, A. (2019). *Why Inclusive Leaders Are Good for Organizations, and How to Become One.* Harvard Business Review. https://hbr.org/2019/03/why-inclusive-leaders-are-good-for-organizations-and-how-to-become-one

Bouwmans, M., Lub, X., Orlowski, M., & Nguyen, T.-V. (2024). Developing the digital transformation skills framework. *A systematic literature review approach. PLOS ONE, 19*(7), e0304127. doi.org/10.1371/journal.pone.0304127

Bowles, S., & Gintis, H. (2002). Homo reciprocans. *Nature*, 415, 125-128.

Bresciani, S., Huarng, K.-H., Malhotra, A., & Ferraris, A. (2021). Digital transformation as a springboard for product, process and business model innovation. *Journal of Business Research, 128*(2), 204–210. doi.org/10.1016/j.jbusres.2021.02.003

Brownlee, D. (2019). The Dangers Of Mistaking Diversity For Inclusion In The Workplace. *Forbes.* https://www.forbes.com/sites/danabrownlee/2019/09/15/the-dangers-of-mistaking-diversity-for-inclusion-in-the-workplace/

Buchholz, L. (2023). Unconscious Bias: A Silent Threat to Workplace Diversity. *Bizclik Media Ltd.* https://sustainabilitymag.com/articles/unconscious-bias-a-silent-threat-to-workplace-diversity

Cadient (2021). What is Diversity. *Cadient Talent.* https://cadienttalent.com/resources/what-is-diversity/

Cambridge Spark. (2023). *Using HR Data Analytics to Promote Diversity and Inclusion.* https://www.cambridgespark.com/info/hr-data-analytics-promote-diversity-inclusion

Cassie Sanchez Blog Post. (March 2023). *Measuring DEI success: 5 places to look for progress.* https://textio.com/blog/measuring-dei-success-5-places-to-look-for-progress

Castrillón, M. A. G. (2024). The management of visible and invisible diversity in organizations1. *Revista Científica "Visión De Futuro", 28*(2), 23–36. https://www.redalyc.org/journal/3579/357977785002/html/

Catalyst. (2020). *Why Diversity and Inclusion Matter (Quick Take).* https://www.catalyst.org/research/why-diversity-and-inclusion-matter/

Circle Vantage [Blog Post] June 2023. The Hidden Prejudices: Unconscious Bias Examples In the Workplace. *Nurture an Engaged and Satisfied Workforce | Vantage Circle HR Blog.* https://www.vantagecircle.com/en/blog/unconscious-bias-examples/

Clelland, K. (2023). *Unleashing the Power of Diversity: The Role of Inclusive Leadership | LinkedIn.* https://www.linkedin.com/pulse/unleashing-power-diversity-role-inclusive-leadership-kris-clelland/

Coalition for Diversity in Real Estate. (2024). *Measure Diversity Statistics — Coalition for Diversity in Real Estate.* https://coalitionfordiversity.org/action-1-measure-analyze-focus

Craig, D. (2022). The Top Diversity and Inclusion Challenges in the Workplace. *Corporate Class Inc.* https://www.corporateclassinc.com/the-top-challenges-of-diversity-and-inclusion/

Danny, S. (2024). *Does Diversity Training Work? Insights & Outcomes.* https://hyperspace.mv/does-diversity-training-work-insights-outcomes/

Davis, S. (2022). Ten Common Myths About Diversity and Inclusion - Institute for Sustainable Diversity & Inclusion. *Institute for Sustainable Diversity and Inclusion.* https://i4sdi.org/ten-common-myths-about-diversity-and-inclusion/

Dei Expert, D. (2023). The Role Of AI in Diversity, Equity, and Inclusion. *Diversio - DEI Platform*. https://diversio.com/the-role-of-ai-in-diversity-equity-and-inclusion/

Deloitte (2019). Ready, Set, Activate! Catalyze your culture for sustained results.

Deloitte Insights (2024). 2024 Global Human Capital Trends. *Deloitte Insights*.

Devine, P. G., & Ash, L. T. (2022). Diversity Training Goals, Limitations, and Promise: A Review of the Multidisciplinary Literature.

Dillon, B., & Bourke, J. (2016). The six signature traits of inclusive leadership Thriving in a diverse new world.

Dimeglio, P, C. (2024). AI bias is mission critical for HR leaders. *UNLEASH*. https://www.unleash.ai/artificial-intelligence/why-addressing-ai-bias-is-mission-critical-for-hr-leaders/

DiverseJobsMatter. (2024). *Navigating the Future: Four Key Diversity Trends to Watch in 2024*. https://diversejobsmatter.co.uk/blog/navigating-the-future-four-key-diversity-trends-to-watch-in-2024/

Donnelly, R., & Johns, J. (2021). Recontextualizing remote working and its HRM in the digital economy: An integrated framework for theory and practice. *The International Journal of Human Resource Management*, *32*(1), 84–105. doi.org/10.1080/09585192.2020.1737834

Dorsey, A., Lee, R., Zheng, W., & Fassiotto, M. (2022). Best practices and a working model for promoting inclusion of women in healthcare leadership. *Journal of Hospital Administration*, *10*(6), 12. doi.org/10.5430/jha.v10n6p12

Dosiak, A. (2023). Why Diversity Matters: Building a Stronger Workplace Together. *HR Vision Events*. https://www.hrvisionevent.com/content-hub/why-diversity-matters-building-a-stronger-workplace-together/

Draper, A. (2024). *A Comprehensive Guide to Organizational Culture Change*. https://www.dx-learning.com/blog/organizational-culture-change

ELM Learning (2023). Expanding The Definition of Workplace Diversity. *ELM Learning*. https://elmlearning.com/blog/expand-definition-of-diversity/

Embracing Equity. (2024). *Racial Literacy in the Workplace: How Organizations Can Promote Diversity and Inclusion.* https://www.embracingequity.org/post/racial-literacy-in-the-workplace-how-organizations-can-promote-diversity-and-inclusion

Employment Hero [Blog Post] June 2022. D&I metrics: How to measure diversity in the workplace. *Employment Hero.* https://employmenthero.com/blog/diversity-inclusion-metrics/

Eneh, N. E., Bakare, S. S., Adeniyi, A. O., & Akpuokwe, C. U. (2024). Modern Labor Law: A Review Of Current Trends In Employee Rights And Organizational Duties. *International Journal of Management & Entrepreneurship Research, 6*(3), 540–553. doi.org/10.51594/ijmer.v6i3.843

Eubanks, B. (2018). The Impact of Algorithm Bias on Human Resources Practices. *Lighthouse Research & Advisory.* https://lhra.io/blog/impact-algorithm-bias-human-resources-practices/

Fechter, J. (2023). 7 Diversity and Inclusion Initiatives. *HR University.* https://hr.university/dei/diversity-and-inclusion-initiatives/

Fermin, J. (2023). *Becoming a More Data-Driven HR* https://d.docs.live.net/779c70440d33b288/DRP%20documents/Amazon%20KDP/Reckoning%20with%20Diversity/Department.%20https:/www.allvoices.co/blog/becoming-a-more-data-driven-hr-department

Fertifa+. (2024). *What are the benefits of diversity in the workplace?* https://www.fertifa.com/post/benefits-of-diversity-in-the-workplace

Gharti, A., & Modi, D. K. (2024). A Comprehensive Examination of Workforce Diversity. *International Research Journal of MMC, 5*(3), 75–85. doi.org/10.3126/irjmmc.v5i3.68501

Gill, C. (1986). Editorial. New Technology, Work and Employment 1(1), 7–8. doi. org/10.1111/j.1468-005X.1986.tb00075.x

Göddert Andreea [Blog Post] March 2024. 11 Metrics To Back Up Your Diversity, Equity & Inclusion (DEI) Efforts. *Orgnostic.* https://orgnostic.com/blog/11-metrics-to-back-up-your-dei-efforts/

Goff, L. (2024). *Measuring Progress: Best Practices For Diversity And Inclusion Metrics | Learnexus.* https://learnexus.com/diversity-and-inclusion-metrics/

Goodtalent Corporation. (2023). *Unconscious bias and it's effects in the workplace | LinkedIn*. Goodtalent Corporation. https://www.linkedin.com/pulse/unconscious-bias-its-effects-workplace-goodtalentcorp/

Gupta, D. (2022). Top 19 HR Challenges in 2024 (+Solutions). *Whatfix*. https://whatfix.com/blog/hr-challenges/

Gupta, N., Joshi, M., Agarwal, A.K., & Kumar Tiwari, M. (2024). Human-Artificial Intelligence Collaboration in HR: Applications and Challenges. *2024 International Conference on Computational Intelligence and Computing Applications (ICCICA)*, 1, 30–34. https://www.semanticscholar.org/paper/Human-Artificial-Intelligence-Collaboration-in-HR%3A-Gupta-Joshi/afe4595ca9d68f5c2e5a606ed61aaaf895fdbf97

Groutsis, D., & Taksa, L. (2009). Using Historical Perspective to Enhance Understanding of the Relationship Between Equal Employment Opportunity, Affirmative Action and Diversity Management. https://www.semanticscholar.org/paper/Using-Historical-Perspective-to-Enhance-of-the-and-Groutsis-Taksa/88335919f6340955d66d75bfb01a77d8a4766040

Harbert, T. (2021). *The Pandemic Has Expanded the Role of HR*. https://www.shrm.org/topics-tools/news/hr-magazine/pandemic-expanded-role-hr

Harper, R. (2023). *The 7 Most Effective Diversity Strategies in the Workplace*. https://morganlatif.com/insight/the-seven-most-effective-diversity-strategies-in-the-workplace/

Hazaea, E. S., Al-Matari, Najib H. S. Farhan, & Jinyu Zhu (2023). The impact of board gender diversity on financial performance: a systematic review and agenda for future research. *Corporate Governance: The International Journal of Business in Society*. https://www.semanticscholar.org/paper/The-impact-of-board-gender-diversity-on-financial-a-Hazaea-Al-Matari/efad51231bc6b849b24801b0e0c031a3f87b07ab

HCI Consulting. (2021). *The Data Dilemma: Navigating the Pitfalls of AI in HR*. https://www.innovativehumancapital.com/article/the-data-dilemma-navigating-the-pitfalls-of-ai-in-hr

HRbrain Blog Post. (2024). *Role of HR in Digital Transformation: Strategy Essentials*. https://hrbrain.ai/blog/role-of-hr-in-digital-transformation-strategy-essentials/

HR Future. (2024). *Leveraging Technology For Strategic HR Management: A Guide For Executives*. https://www.hrfuture.net/talent-management/technology/leveraging-technology-for-strategic-hr-management-a-guide-for-executives/

HRO resources. (2022). *What is Data-Driven HR and How it Can Help You Make Better People Decisions*. chrome-extension://fheoggkfdfchfphceeifdbepaooicaho/html/site_status_block_page.html

Human Capital Firm. (2023). *Shaping Success: A Case Study of Redefining Culture with Diversity, Equity, and Inclusion in a Growing Technology Company*. Tessi Consulting. https://tessiconsulting.com/case-studies/?cn-reloaded=1

Impactly. (2023). *Dimensions Of Diversity: Types, Key Benefits; Ways To Promote Them*. https://www.getimpactly.com/post/dimensions-of-diversityIsmail, A. M., & Latiff, I. H. M. (2019). Board Diversity and Corporate Sustainability Practices: Evidence on Environmental, Social and Governance (ESG) Reporting. *International Journal of Financial Research, 10*(3), 31. doi.org/10.5430/ijfr.v10n3p31

Jay, S. (2021). Digital Proficiency for HR Professionals: All You Need to Know. *AIHR | Academy to Innovate HR*. https://www.aihr.com/blog/digital-proficiency-for-hr-professionals/

Jay, S. (2021). What is HR Automation? A Guide with Practical Examples. *AIHR | Academy to Innovate HR*. https://www.aihr.com/blog/hr-automation/

Jerab, D. A., & Mabrouk, T. (2023). The Role of Leadership in Changing Organizational Culture. *SSRN Electronic Journal*. Advance online publication. doi.org/10.2139/ssrn.4574324

Jha Nilesh Avado Blog (January 2024). How To Foster Diversity and Inclusion? | Avado. *Avado*. https://www.avadolearning.com/blog/how-to-foster-deversity-and-inclusion/Jonathan M. Pham Blog Post (April 2024). Inclusive Leadership: Moving From Buzzword to Bottom Line. https://itdworld.com/blog/leadership/inclusive-leadership/

Jorgovan, J. (2023). *Leveraging HR Analytics: Making Data-Driven Decisions in Human Resources*. Jake Jorgovan. https://jake-jorgovan.com/blog/leveraging-hr-analytics-making-data-driven-decisions-in-human-resources

Kadirov, A., Shakirova, Y., Ismoilova, G., & Makhmudova, N.J. (2024). AI in Human Resource Management: Reimagining Talent Acquisition, Development, and Retention. *2024 International Conference on Knowledge Engineering and Communication Systems (ICKECS)*(1), 1–8. https://www.semanticscholar.org/paper/AI-in-Human-Resource-Management%3A-Reimagining-Talent-Kadirov-Shakirova/83c1d9490bd2202c7527ff6afcc738b0d3044721

Kanade, T. M., Patil, S., Batule, R., & Joseph, J. (2024). Synergizing Zoological Research and AI in Business: Unveiling Biological Strategies for Sustainable Innovation. *Uttar Pradesh Journal of Zoology*. https://www.semanticscholar.org/paper/Synergizing-Zoological-Research-and-AI-in-Business%3A-Kanade-Patil/9bd979d58b5cd7c467f544faee0a23fc549aa7a4

Kannaiyan, S., & Neelamegam, A. (2023). Towards a De-Gendered Workplace: A Concept Note for Promoting Gender Equity and Inclusivity. *Ushus Journal of Business Management*. https://www.semanticscholar.org/paper/Towards-a-De-Gendered-Workplace%3A-A-Concept-Note-for-Kannaiyan-Neelamegam/3be14807aca86d869a45e19f04c70126d18059bf

Kedia, S., Pareek, A. (2020). Women in Politics: The Effect on Board Diversity. *Social Science Research Network*. https://www.semanticscholar.org/paper/Women-in-Politics%3A-The-Effect-on-Board-Diversity-Kedia-Pareek/eb49ffa44e52cc4d7b020d1fa9700a32bc8f37ca

Klemp, N. (2023). The Ethics of AI: 5 Implications for HR Leaders to Consider. *15Five*. https://www.15five.com/blog/the-ethics-of-ai-5-implications-for-hr-leaders-to-consider/

Korn F. (2023). The benefits of inclusive leadership. *Korn Ferry*. https://www.kornferry.com/insights/featured-topics/diversity-equity-inclusion/the-benefits-of-inclusive-leadership

Kumar, A. (2024). Artificial Intelligence Adoption in Investment Management Companies, Ijsrem. *Interantional Journal of Scientific Research in Engineering and Management, 8*(4), 1-5.

Kumari, M. (2024). *The Effects and Functionality of Artificial Intelligence in Human Resource Management.*

leaderFactor. (2023). *How to Change Culture in an Organization.* https://www.leaderfactor.com/learn/how-to-change-culture-in-an-organization

Lee, J. (2023). *7 Metrics to Measure Your Organization's DEI Progress.* Harvard Business Review. https://hbr.org/2023/05/7-metrics-to-measure-your-organizations-dei-progress

Leighton, C. & Harlock, D. (2017). The Role of HR Analytics to Promote Workplace Diversity for Employee Selection. *12th Industrial And Organisational Psychology Conference.* https://research-repository.uwa.edu.au/en/publications/the-role-of-hr-analytics-to-promote-workplace-diversity-for-emplo

Levine, S. R. (2020). Diversity Confirmed To Boost Innovation And Financial Results. *Forbes.* https://www.forbes.com/sites/forbesinsights/2020/01/15/diversity-confirmed-to-boost-innovation-and-financial-results/

Li, S., Li, K., & Lu, H. (2023). *National Origin Discrimination in Deep-learning-powered Automated Resume Screening.* https://arxiv.org/pdf/2307.08624

Li, T., & Tang, N. (2022). Inclusive Leadership and Innovative Performance: A Multi-Level Mediation Model of Psychological Safety. *Frontiers in Psychology, 13,* 934831. doi.org/10.3389/fpsyg.2022.934831

Li, Y., Wu, B., Huang, Y., & Luan, S. (2024). Developing trustworthy artificial intelligence: Insights from research on interpersonal, human-automation, and human-AI trust. *Frontiers in Psychology, 15,* 1382693. doi.org/10.3389/fpsyg.2024.1382693

LinkedIn Community. (2024). *How can machine learning algorithms improve diversity in your hiring process?* https://www.linkedin.com/advice/1/how-can-machine-learning-algorithms-improve-diversity-7b7cf

Liu, J., Zhu, Y., & Wang, H. (2023). Managing the negative impact of workforce diversity: The important roles of inclusive HRM and employee learning-oriented behaviors. *Frontiers in Psychology, 14*, 1117690. doi.org/10.3389/fpsyg.2023.1117690

Long Brita Blog Post (January 2022). How to Promote Diversity, Equity, and Inclusion in the Workplace. *Insight Global.* https://insightglobal.com/blog/promote-dei-workplace/

Lorenzo, R., Voigt, N., Schetelig, K., Zawadzki, A., Welpe, I., & Brosi, P. (2017). The Mix That Matters. *BCG Global.* https://www.bcg.com/publications/2017/people-organization-leadership-talent-innovation-through-diversity-mix-that-matters

Losey, M. R., Meisinger, S. R., & Ulrich, D. (2005). The future of human resource management: 64 thought leaders explore the critical HR issues of today and tomorrow. Society for Human Resource Management; *Wiley.*

Lu, L., Gu, J., & Huang, C. (2022). Inclusion in CSR Reports: The Lens from a Data-Driven Machine Learning Model. *CSRNLP.* https://www.semanticscholar.org/paper/Inclusion-in-CSR-Reports%3A-The-Lens-from-a-Machine-Lu-Gu/ae7730b029d593b2efbd16212db9c5f4697413aa

Mackenzie, K. (2023). Addressing bias and privacy challenges when using AI in HR. *Workable.* https://resources.workable.com/tutorial/addressing-bias-and-privacy-challenges-when-using-ai-in-hr

Magoma, A., & Ernest, E. (2023). The impact of board gender diversity on the financial performance of listed firms in Tanzania: A panel analysis, *12*(3), 2147–4478.

Malhotra, A., Majchrzak, A., Rosen, B. (2007). Leading virtual teams. Academy of Management Perspectives. Academy of Management Perspectives, 21(1), 60–70. doi.org/10.5465/amp.2007.24286164

Mangum, H. (2024). Making Informed Decisions: The Importance of Data-Driven HR. *HireRoad.* https://hireroad.com/resources/making-informed-decisions-the-importance-of-data-driven-hr

Martins, J. (2024). *6 Tips to Build a Strong Organizational Culture [2024] • Asana.* https://asana.com/pl/resources/types-organizational-culture

Matherly, M. C., Greenlee, R. A., & Holmes, T. B. (Eds.). (2024). *One team, one fight: Diversity and inclusion*. Air University Press.

McKinsey & Company (2020). Understanding organizational barriers to a more inclusive workplace.

Michael Szabados [Blog Post]. 2024. *Building a Culture of Visibility | NETSCOUT*. https://www.netscout.com/blog/building-culture-visibility

Milligan, S. (2018). HR 2025: 7 Critical Strategies to Prepare for the Future of HR. https://www.shrm.org/topics-tools/news/hr-magazine/hr-2025-7-critical-strategies-to-prepare-future-hr

Milo. (2024). *Embracing Socioeconomic Diversity: Strategies for Equitable Education*. https://www.notion4teachers.com/blog/embracing-socioeconomic-diversity-equitable-education

Moloney, C. (2022). Top challenges of diversity in the workplace. *Kallidus*. https://www.kallidus.com/resources/blog/top-challenges-of-diversity-in-the-workplace/

Morris, C. (2021). Are You Really Enabling Inclusion: What Leaders Need To Do. *Forbes*. https://www.forbes.com/sites/carmenmorris/2021/01/27/are-you-really-enabling-inclusion-what-leaders-need-to-do/

Mujtaba, D. F. & N. Mahapatra (2019). Ethical Considerations in AI-Based Recruitment. *International Symposium on Technology and Society*, 1–7. https://www.semanticscholar.org/paper/Ethical-Considerations-in-AI-Based-Recruitment-Mujtaba-Mahapatra/62c1e90d53096dc82f0166e77d9a77b830c09c1f

Nasit, R. (2023). *The Future of HR: Adapting to Technological Advancements and Automation | LinkedIn*. https://www.linkedin.com/pulse/future-hr-adapting-technological-advancements-automation-rimal-nasit/

Novaković, N., & Dražeta, L. (2024). Applicant Tracking System: A Powerful Recruiters' Tool. *SINTEZA*. https://www.semanticscholar.org/paper/Applicant-Tracking-System%3A-A-Powerful-Recruiters%E2%80%99-Novakovi%C4%87-Dra%C5%BEeta/70139b95b46ceccd3e082f7232f49cd48337e50e

Nucamp [Blog Post]. June 2024. *How can tech companies measure the success of their diversity initiatives?* https://www.nucamp.co/blog/coding-bootcamp-full-stack-web-and-mobile-development-how-can-tech-companies-measure-the-success-of-their-diversity-initiatives

Nyathani, R. (2023). Achieving Workplace Equality With Cloud HR Software: Best Practices For Implementing A Successful Diversity and Inclusion Programs. *Journal of Artificial Intelligence & Cloud Computing*, 1–7. doi.org/10.47363/JAICC/2023(2)127

O'Brien, K. R., Scheffer, M., van Nes, E. H., & van der Lee, R. (2015). How to Break the Cycle of Low Workforce Diversity: A Model for Change. *PLoS ONE*, *10*(7). doi.org/10.1371/journal.pone.0133208

Ociti, I. (2023). *Promoting Workplace Diversity and Inclusion: Inspiring Success Stories and Actionable Strategies for Equality | LinkedIn.* https://www.linkedin.com/pulse/promoting-workplace-diversity-inclusion-inspiring-success-ociti/

Olabisi, O. (n. d.). *How can HR professionals develop their digital literacy and data skills*? Retrieved August 20, 2024, from https://www.linkedin.com/advice/0/how-can-hr-professionals-develop-digital-literacy

Oleeo [Blog Post]. March 2022. 5 Misconceptions People Have About Workplace Diversity. *Oleeo*. https://www.oleeo.com/blog/5-misconceptions-about-workplace-diversity/

Omer Usanmaz [Blog Post]. 2024. *What are the challenges of diversity in the workplace and how to mitigate them?* https://www.qooper.io/blog/what-are-the-challenges-of-diversity-in-the-workplace-and-how-to-mitigate-them

Oxford University Press (2021) *Oxford English Dictionary*. https://www.oed.com

Pahl, S. (2021). HR Digital Transformation: Key Strategies. *Beekeeper*. https://www.beekeeper.io/blog/hr-digital-transformation/

Paoloni, P., Cosentino, A., & Manzo, M. (2023). Gender Budgeting as a Dynamic Monitoring Tool for Gender Diversity Management in Universities. *International Conference on Gender Research*, *6*(1), 201–207. doi.org/10.34190/icgr.6.1.996

Pathak Anjan Blog Post (June 2019). 11 Powerful Ways To Nurture Inclusion At The Workplace. *Nurture an Engaged and Satisfied Workforce | Vantage Circle HR Blog.* https://www.vantagecircle.com/en/blog/inclusion-at-the-workplace/

Pedro Barros Blog Post. (2024). *The future of gig economy and its impact on work.* https://remote.com/blog/gig-economy-future

People Hum. (2024). *Systemic Discrimination in Workplace: Types & Solutions | peopleHum.* https://www.peoplehum.com/glossary/systemic-discrimination

Plano, G. M. (2022). *Hidden Diversity Among Writers.* Story Empire. https://storyempire.com/2021/05/28/hidden-diversity-among-writers/

Phillips, B. N., Granger, T. A., Ochrach, C., Thomas, K. A., Reyes, A., Kesselmayer, R. F., Anderson, C. A., Chan, F., Strauser, D. R., Wehman, P., McDonough, J., Lee, D., Lee, B., Mpofu, N., Castillo, S., Chen, X., Brink, E. A., Baumunk, M. J., Kim, J., . . . Tansey, T. N. (2024). Effect of company-driven disability diversity initiatives: A multi-case study across industries. *Journal of Vocational Rehabilitation, 60*(1), 141–154. doi.org/10.3233/JVR-230061

Playday. (2023). *How the gig economy is changing work.* https://www.planday.com/resources/articles/how-the-gig-economy-is-changing-work/

Praveenadevi, D., & Girimurugan, B. (2019). Inclusive Organisational Culture – A Competing Strategy for Business Success. *International Journal of Recent Technology and Engineering (IJRTE), 8*(4), 5155– doi.org/10.35940/ijrte.D7371.118419

Pretorius, L., & Soria, C. (2017). Introduction to the special issue. *Language Resources and Evaluation, 51*(4), 891–895. doi.org/10.1007/s10579-017-9405-8

Qooper Blog Post. (2024, March 12). *What are the challenges of diversity in the workplace and how to mitigate them?* https://www.qooper.io/blog/what-are-the-challenges-of-diversity-in-the-workplace-and-how-to-mitigate-them

Qualtrics. (2024). *Diversity and inclusion training.* https://www.qualtrics.com/experience-management/employee/diversity-training/

Rajyalaxmi, M., Vijai, C., Lourens, M., Chatterjee Biswas, P., Jahnavi, K. N., & U, U. (2024). Analytics Predictive for HRM: Using Machine Learning to Improve Workforce Scheduling and Staff Engagement. In *2024 International Conference on Trends in Quantum Computing and Emerging Business Technologies* (pp. 1–6). IEEE. doi.org/10.1109/TQCEBT59414.2024.10545077

Ramon, X., & Rojas-Torrijos, J. L. (2023). European Public Service Media, Disability Sports and Cultural Citizenship in the Digital Age: An Analysis of Agenda Diversity in the Tokyo 2020 Paralympic Games. *Journalism and Media, 4*(1), 289–303. https://www.semanticscholar.org/paper/European-Public-Service-Media%2C-Disability-Sports-in-Ramon-Rojas-Torrijos/0ccb85570f70102639afdbb6d666b0aa6a39bb5b

Randhawa, M. (2023). 9 Skills HR Professionals Need to Succeed in the Digital Age. *MyHRfuture*. https://www.myhrfuture.com/blog/2021/7/26/9-skills-hr-professionals-need-to-succeed-in-the-digital-age

Randi, R. D. (2024). The Gig Economy: Navigating the New Frontier of Work. *ExactHire*. https://www.exacthire.com/exacthire-news/the-gig-economy-navigating-the-new-frontier-of-work/

Reeves, M. (2021). *Biggest Challenges To Workplace Diversity | Together Mentoring Software*. https://www.togetherplatform.com/blog/biggest-challenges-to-workplace-diversity

Reynolds, K. (2016, November 22). 5 Strategies for Promoting Diversity in the Workplace. *Hult International Business School*. https://www.hult.edu/blog/promoting-diversity-in-workplace/

Ricee, S. (2023). All Types of Diversity with Examples. *Diversity for Social Impact*.

Riche, M. F. Kraus, A. (2009). Approaches To and Tools for Successful Diversity Management: Results From 360-Degree Diversity Management Case Studies.

Rippleworx. (2024). *Advancing Workforce Analytics: Leveraging AI for Smarter HR Decisions - Rippleworx Blog*. https://www.rippleworx.com/post/advancing-workforce-analytics-leveraging-ai-for-smarter-hr-decisions

River Software (2024). Fostering Inclusion in the Workplace: Strategies for a Diverse Environment. *River Business Mentoring*. https://www.riversoftware.com/diversity-and-inclusion/fostering-inclusion-in-the-workplace-strategies-for-a-diverse-environment/

Rizinjirabake, F., Nyiramana, A., Kamizikunze, T., & Mukamugema, J. (2023). Estimating Soil Erosion to Highlight Potential Areas for Conservation Priority in Rukarara Catchment, South-western Rwanda. *Rwanda Journal of Engineering, Science, Technology and Environment*, 5(1), 1–23. doi.org/10.4314/rjeste.v5i1.1

Roberts, . M., & Thomas-hunt, M. (2024). Data-Driven Approaches to Diversity, Equity and Inclusion. https://www.shrm.org/executive-network/insights/people-strategy/data-driven-approaches-to-diversity-equity-inclusion

Rozvadovskyy, O. (2023). *How to Track Diversity, Equity, and Inclusion Metrics in the Workplace*. https://www.pavooq.com/post/measuring-success-how-to-track-diversity-equity-and-inclusion-metrics-in-the-workplace

Saleh, S., & Gajendran, A. (2023). Catalyzing Organizational Development and Enhancing Employee Satisfaction: The Transformative Influence of Artificial Intelligence Software. *Interantional Journal of Scientific Research In Engineering And Management*. https://www.semanticscholar.org/paper/Catalyzing-Organizational-Development-and-Enhancing-Saleh-Gajendran/8427090d9b7f0a589e3f993ddbb6c6db19c96ef8

Samaibekova, Z. K. (2024). Principles of HR Strategic Management in Innovation Entrepreneurial Structures. *Vestnik of the Plekhanov Russian University of Economics*(4), 159–166. doi.org/10.21686/2413-2829-2024-4-159-166

Sampaio Nathalia Blog Post (August 2022). 4 Leadership Tips for successful digital and AI transformation. https://www.imd.org/blog/leadership/how-to-be-an-inclusive-leader/

Search, J. (2023). Exploring The Types of Diversity in The Workplace. *Joss Search*. https://josssearch.com/resources/types-of-diversity/

Sekwatlakwatla, S. P. and Malele, V. (2023). Bibliometric Analysis of Machine Learning Ethics. In *2023 First International Conference on the Advancements of Artificial Intelligence in African Context (AAIAC)* (pp. 1–6). IEEE. doi.org/10.1109/AAIAC60008.2023.10465544

Seramount. (2013). *The Next Generation of Diversity Metrics: Predictive and Game-Changing Analytics*. https://seramount.com/resources/next-generation-diversity-metrics-predictive-and-game-changing-analytics/

Servaes, S., Choudhury, P., & Parikh, A. K. (2022). What is diversity? *Pediatric Radiology, 52*(9), 1708–1710. doi.org/10.1007/s00247-022-05356-0

Shafiabady, N., Hadjinicolaou, N., Din, F. U., Bhandari, B., Wu, R. M. X., & Vakilian, J. (2023). Using Artificial Intelligence (AI) to predict organizational agility. *PloS One, 18*(5), e0283066. doi.org/10.1371/journal.pone.0283066

Shafique Muhammad Akash, Muhammad Arslan, & Muhammad Hasnain Ali (2023). Examining The Role of Diversity Oriented Leadership on Organizational Resilience: A Mediated Moderation Analysis. *Contemporary Issues in Social Sciences and Management Practices.* https://www.semanticscholar.org/paper/Examining-The-Role-of-Diversity-Oriented-Leadership-Shafique-Arslan/869c4d66cdf7cd55f0f15e941d19630da41470c4

Sharma, C., Srivastava, R., Rajput, A., Mukherjee, R., Chandra, S. (2024). Evaluating AI's Role in Enhancing DE and I: A Bibliometric Approach. *International Research Journal on Advanced Engineering and Management (IRJAEM), 12*(6).

SHRM (2024.). How to Build a Strong Organizational Culture. https://www.shrm.org/topics-tools/tools/toolkits/understanding-developing-organizational-culture

Slan, Y. (2023). 5 crucial steps to a data-driven approach for minimizing bias. *LRP Media Group*. https://hrexecutive.com/5-crucial-steps-to-a-data-driven-approach-for-minimizing-bias/

Tadla, V. S., Singh, P. M., Thakkar, K. M., & Adatkar, R. Campus Placement using Machine Learning: An Extensive Review and Comparative Study of Machine Learning Methods. In *2023,* 427–430). doi.org/10.1109/ICAST59062.2023.10455050

The Achieve Institute. (2023). *Inclusivity in the Workplace: Driving Empowered, Engaged Teams*. https://achieveinst.com/inclusivity-in-the-workplace-driving-empowered-and-engaged-teams/

The Sellbery Team Blog Post (2024). From Manual to Automated: Enhancing HR Practices with Technology. *Sellbery*. https://sellbery.com/blog/from-manual-to-automated-enhancing-hr-practices-with-technology/

Theo Smith and Chris Bell [Blog Post]. April 2023. *Thinking Differently: Unleash the Power of Invisible Diversity (Project IDD Part 3) | EVONA*. EVONA. https://www.evona.com/blog/idd_pt3/

Tommaso, G. D., Faralli, S., Gatti, M., Iannotta, M., Stilo, G., & Velardi, P. (2021). An Enterprise Social Analytics Dashboard to Support Competence Valorization and Diversity Management. *Applied Sciences, 11*(18), 8385. doi.org/10.3390/app11188385

Trivedi, K., Srivastava, K. B., & Srivastava, K. B. L. (2023). Mediation of knowledge management processes in enabling strategic hr practices to achieve differentiation and cost-effectiveness. // Mediation of knowledge management processes in enabling strategic HR practices to achieve differentiation and cost-effectiveness. *Department Of Humanities and Social Sciences*. Advanced online publication. doi.org/10.1108/k-06-2023-0959

Tsai, S. (2015). Local Government Models of Diversity, Equity, and Inclusion in Employment - eScholarship. https://www.semanticscholar.org/paper/Local-Government-Models-of-Diversity%2C-Equity%2C-and-Tsai/9092cce154ba70e55f42b4d5d66a8969da9e0a90

Tucker, E. (2018). Secrets to success: human capital management strategy. *Strategic HR Review, 17*(4), 170–175. doi.org/10.1108/SHR-05-2018-0034

Uddin, S., Ong, S., & Lu, H. (2022). Machine learning in project analytics: A data-driven framework and case study. *Scientific Reports, 12*(1), 15252. doi.org/10.1038/s41598-022-19728-x

Upskill Universe. (2023). *Bias in AI: An Unseen Enemy of Diversity and Inclusion in the Workplace - Upskill Universe*. https://upskilluniverse.com/bias-in-ai/

Vafaei, A., Kamran Ahmed, & Paul R. Mather (2015). Board Diversity and Financial Performance in the Top 500 Australian Firms. *Australian Accounting Review*. https://www.semanticscholar.org/paper/Board-Diversity-and-Financial-Performance-in-the-Vafaei-Ahmed/9a985fbf1e8acdc327a308443a5fc886281bf87a

van Vulpen, E. (2016). Predictive Analytics in Human Resources: Tutorial and 7 case studies. *AIHR | Academy to Innovate HR*. https://www.aihr.com/blog/predictive-analytics-human-resources/

Verlinden, N. (2024). HR Digital Transformation: An HR Leader's Guide. *AIHR | Academy to Innovate HR*. https://www.aihr.com/blog/hr-digital-transformation/

Vial, G. (2019). Understanding digital transformation: A review and a research agenda. *Journal of Strategic Information Systems, 28*(2, SI), 118–144. doi.org/ 10.1016/j.jsis.2019.01.003

Vick, A. D., Baugh, A., Lambert, J., Vanderbilt, A. A., Ingram, E., Garcia, R., & Baugh, R. F. (2018). Levers of change: A review of contemporary interventions to enhance diversity in medical schools in the USA. *Advances in Medical Education and Practice, 9*, 53–61. doi.org/10.2147/AMEP.S147950

Visier Team. (2024). Data-Driven HR: Definition and Process (2024) | *Visier*. https://www.visier.com/blog/data-driven-hr/

Vorecol. (2024a). *Case Studies of Successful Diversity Policy Implementation Using Software Tools*. https://vorecol.com/blogs/blog-case-studies-of-successful-diversity-policy-implementation-using-software-tools-178127

Vorecol. (2024b). *How can HR departments use predictive analytics to improve workforce diversity and inclusion?* https://vorecol.com/blogs/blog-how-can-hr-departments-use-predictive-analytics-to-improve-workforce-diversity-and-inclusion-144362

Vorecol. (2024c). *Implementing Diversity and Inclusion Initiatives in HR Strategic Planning*. https://vorecol.com/blogs/blog-implementing-diversity-and-inclusion-initiatives-in-hr-strategic-planning-38080

Vorecol Editorial Team. (2024a). *Measuring the Effectiveness of Diversity Initiatives Through Data Analytics Tools*.

https://vorecol.com/blogs/blog-measuring-the-effectiveness-of-diversity-initiatives-through-data-analytics-tools-171288

Vorecol Editorial Team. (2024b). *What role does data analytics play in improving diversity initiatives through policy management software?* https://vorecol.com/blogs/blog-what-role-does-data-analytics-play-in-improving-diversity-initiatives-through-policy-management-software-125760

Vorecol (2024). *How can data analytics drive more effective diversity and inclusion initiatives in organizations?* https://vorecol.com/blogs/blog-how-can-data-analytics-drive-more-effective-diversity-and-inclusion-initiatives-in-organizations-126344

Vorecol Blog Post. (2024). *What are the ethical considerations when using AI and big data in human resources*?

Vuchkovski, D., Zalaznik, M., Mitręga, M., & Pfajfar, G. (2023). A look at the future of work: The digital transformation of teams from conventional to virtual. *Journal of Business Research, 163*, 113912. doi.org/10.1016/j.jbusres.2023.113912

Wang, S., Sauer, S. J., & Schryver, T. (2019). The Benefits of Early Diverse and Late Shared Task Cognition. *Small Group Research, 50*(3), 408–439. doi.org/10.1177/1046496419835917

Wang, S., Sauer, S.J., & Schryver, T.D. (2016). It's All in the Timing: The Benefits of Early Diverse and Later Shared Task Cognitions on Team Performance Trajectories. *SSRN Electronic Journal.* Advance online publication. doi.org/10.2139/ssrn.2789952

Wankiewicz Melissa Blog Post (April 2024). DEI metrics: Measuring what matters for a more inclusive workplace. https://arbinger.com/blog/dei-metrics-measuring-what-matters-for-a-more-inclusive-workplace/

Wellhub [Blog Post]. September 2023. *10 Crucial DEI Metrics to Track for Inclusion.* https://wellhub.com/en-us/blog/organizational-development/dei-metrics/

Williams, J. C., & Dolkas, J. (2022). *Data Driven Diversity.* Harvard Business Review. https://hbr.org/2022/03/data-driven-diversity

Winters, M. F. (2013). *What is Diversity? – Part 3: The Visibly Invisible.* https://theinclusionsolution.me/what-is-diversity-part-3-the-visibly-invisible/

Yamini, G. (2024). *Understanding Diversity - A Crucial Aspect in the Workplace. Inspirisys Solutions Limited. Understanding-Diversity*

YSC Consulting, part of Accenture. (2022). *Measuring DEI progress from all angles – YSC.* https://www.ysc.com/news/measuring-dei-progress/

Zampella, T. (2019). *True Diversity and Inclusion Requires Equity* https://www.bhavanalearning.com/true-diversity-and-inclusion-requires-equity/

Zhang, J., & Chen, Z. (2024). Exploring Human Resource Management Digital Transformation in the Digital Age. *Journal of the Knowledge Economy, 15*(1), 1482–1498. doi.org/10.1007/s13132-023-01214-y

Appendix
List of Tables and Figures

Figure 1 . Source: myHRfuture	30
Figure 2. Source: FasterCapital	56
Figure 3. Source: Garner	64
Figure 4 Source: Talent Management Institute (TMI)	70
Figure 5. Source: Canadian Research Institute	75
Figure 6 Source: Achievers	88
Figure 7 Source: Bold Insights	130
Figure 8 Source: Diversity Factor	136
Figure 9 Source: Priya Pendharkar	144
Figure 10 Source: mPower eLearning	149

Index

A
Accessibility metrics, 148-149
Accountability
in diversity initiatives, 154-155, 200-201
leadership role in 268-269
Affirmative Action, 232-233
Artificial intelligence (AI)
in HR processes, 50-58, 216-229
Ethical Considerations, 80-85, 239-248
Automated resume screening, 51-52

B
Bias
algorithmic, 81-82, 239-241
in data and algorithms, 239-248
mitigation strategies, 243-245
unconscious, 112-114, 240-241
Bias training, 117-120
Board diversity, 103-105
Business case for diversity, 100-109

C
Case studies
disability diversity initiatives, 255-256
Intel, 251-252
Microsoft, 252-253
Salesforce, 252
Change management, 165-166
Cloud HR software, 256-257
Communication
cross-cultural, 113-114, 278-279
in diverse workplaces, 113-114
Community engagement, 195-196
Compliance, 107-108

Cultural diversity, 92-94
D
Data Analytics
in diversity initiatives, 216-229, 273-279
role in HR, 41-47
Data-driven approaches
benefits of 235-237
vs. traditional strategies, 232-237
Demographic diversity, 91-92
Disability diversity, 255-256
Diversity business case for 100-109
  challenges in creating, 111-120
  definition of 88-90
  dimensions of, 90-97
  Future Trends, 273-279
  hidden, 162-165
  metrics, 146-150
  visibility factor, 160-171, 276-278
Diversity training, 117-120
E
Educational diversity, 94-95
Employee engagement, 143-144, 192-193
Employee Resource Groups (ERGs), 125-129
Equal Employment Opportunity, 232-233
Ethical considerations
AI use, 80-85, 242-245
Diversity Initiatives, 245-248
F
Financial performance
Impact of diversity on, 103-107, 177-179
G
Gender diversity, 91, 103-105
Gig economy, 61-64

H
Hidden diversity, 162-165
HR digital transformation, 30-47
HR role
Diversity management, 63-66
Evolution of, 30-47
Human capital theory, 165-166

I
Inclusion metrics, 148-149
Inclusive leadership, 132-139
Impact of diversity on, 100-102, 174-176

L
Leadership
Role in diversity initiatives, 132-139, 200-204
 Strategies for inclusive, 135-139

M
Machine learning
Diversity Initiatives, 222-226, 273-276
Mentorship programs, 122-124
Metrics for diversity, 146-150

O
Organizational change, 142-156

P
Pay equity, 147-148
Performance management, 54-56
Predictive analytics, 273-276
Proactive Strategies, 275-276

R
Recruitment
AI-powered, 51-52
diversity in, 251-253
Remote work, 61-64

Retention strategies, 179-180
S
Socioeconomic diversity, 95-96
Systemic issues in diversity, 181-185
T
Technology
impact on HR, 31-33
use in diversity initiatives, 193-195
Traditional diversity strategies, 232-234
Training programs
for bias awareness, 117-120
for diversity and inclusion, 138-139
U
Unconscious bias, 112-114, 240-241
Upskilling HR professionals, 68-77
V
Visibility factor
Diversity Management, 160-171, 276-278
W
Work styles diversity, 96-97
Workforce Analytics, 41-47

www.ingramcontent.com/pod-product-compliance
Lightning Source LLC
Chambersburg PA
CBHW052145220526

45471CB00004B/1534